Michael Frey Dodillet

Herrchen-
glück

Michael Frey Dodillet

Herrchen-glück

Vom Chaos auf acht Pfoten

HEYNE

Verlagsgruppe Random House FSC® N001967
Das für dieses Buch verwendete
FSC®-zertifizierte Papier *Super Snowbright*
liefert Hellefoss AS, Hokksund, Norwegen.

2. Auflage
Copyright © 2013 by Wilhelm Heyne Verlag, München,
in der Verlagsgruppe Random House GmbH
Redaktion: Judith Schwaab
Umschlaggestaltung: Nele Schütz Design, München
Umschlagfoto: Thinkstock
Satz: Leingärtner, Nabburg
Druck und Bindung: GGP Media GmbH, Pößneck
Printed in Germany
ISBN: 978-3-453-20004-3

www.heyne.de

*Für Max, Lotta und Marie,
meine drei großartigen Kinder,
die aufmüpfige Hunde einfach als das nehmen,
was sie sind: gute Freunde mit Fell.*

Wie es zu diesem Buch kam

Luna atmet tief durch und wirft mir einen gereizten Blick zu. Ich kenne diesen Blick gut. Er bedeutet: Warum hast du uns das angetan, Idiot, es war so schön ruhig hier!

Was ist passiert? Was kann so dramatisch sein, dass es einen vierzig Kilogramm schweren, siebenundsechzig Zentimeter hohen Schäferhundpumakängurumischling von altem Krawall-Adel, dessen Unbotmäßigkeiten mittlerweile ein ganzes Buch füllen, aus den Latschen haut?

Ganz einfach:

Charlton Heston ist passiert.

Wer mit einem Hund glücklich ist, will früher oder später einen zweiten. Das ist so sicher, wie Blutwurst schmeckt und Pansen stinkt. Infiziert der Zweithundvirus einen Zweibeiner, muss mit einer sechswöchigen Inkubationszeit gerechnet werden, in der der Mensch ein bisschen in sich geht, an seiner Führungskompetenz zweifelt und überlegt, ob er wohl zwei Hunde gebacken kriegt. Nach sechs Wochen ist er zu dem Entschluss gekommen, dass die Aufnahme eines Zweithundes in die Familie aus siebenundzwanzig sehr guten Gründen vollkommen ausgeschlossen ist. Daraufhin bricht die Krankheit schlagartig aus, und der Mensch klappert der Reihe nach alle umliegenden Tierheime ab.

Tierheimkandidaten haben einen ganz entscheidenden

Vorteil. Wenn ein Tierheimhund Unfug macht, kann man immer und überall seufzend und achselzuckend darauf verweisen, dass Hundi eine schwere Kindheit hatte, man für seine Dispositionen üüüberhaupt nichts könne, aber selbstverständlich daran arbeite, obwohl man leiderleider niemals die Erfolge erzielen werde, die man erzielt hätte, wäre er schon als Welpe bei einem gewesen.

Wenn hingegen eine Hündin wie Luna, die man vom Welpenalter an großgezogen hat, Erziehungsmängel aufweist, helfen keine Ausreden. Das hat man alles selbst verbockt!

Auf einer unserer Touren durch die Tierheime rund ums Neandertal verknallt sich Luna Hals über Kopf in einen zwölf Monate alten Schwerstrüpel, der je zur Hälfte aus Nase und Flummi besteht. Halbwegs Fachkundige würden von einem Mix aus kleinem Jagdhund und noch kleinerem Terrier sprechen und sich anschließend fragen, welcher Wahnsinnige denn solche Rassen verpaart.

Ausgerechnet in so einen!

Jagdtrieb, Hyperaktivität, Pubertät. Jedes Merkmal für sich ist Garant für eine Katastrophe. Alle drei zusammen in Verbindung mit massiven Erziehungsdefiziten sind der Super-GAU. Das Einzige, was der muntere Knabe halbwegs beherrscht: Er hört auf seinen albernen Namen. Den hat er vom Verpaarer bekommen, weil er am 11. September 2009 geboren wurde, zwei Tage nachdem ein beliebter Kinderfilm in den Kinos angelaufen war.

Seitdem kommt er angaloppiert, sobald er den weiblich klingenden Namen des männlichen Hauptdarstellers hört. Die nähere Umgebung reagiert jedes Mal mit Verblüffung, erwartet sie doch die primären Geschlechtsmerkmale einer Dame und nicht einen wippenden Pillermann. Ich muss aber dankbar sein. Angesichts der Kinostarts jenes Herbstes hätte es durchaus schlimmer kommen können. Er hätte auch *Pelham 123* heißen können. Oder *Wüstenblume*. Oder *Päpstin*.

Wenigstens lässt sein Kampfname keine Fehlinterpretation zu: Charlton Heston. Sobald ich mit einer Beißwurst winke, schnappt er zu, zwackelt sich fest und lässt nicht mehr los. Wenn ich ihn daran hochziehe, ihn wie ein Handtäschchen über die Wiese schlenkere und ganz, ganz leise bin, kann ich ihn begeistert knurren hören:

»Du willst diese Wurst, Mann? Nur aus meinen kalten, toten Pfoten.«

Und so kommt es, wie es kommen muss. Während ich Herrn Heston eines Tages aus Nachbars Garten trage, wo er von einer renitenten Martinsgans vermöbelt wurde, die sich von ihm nicht rupfen lassen wollte; während mir von dem Gezeter noch die Ohren klingeln und der Meister sich vergnügt die eingedellte Schnauze leckt; während ich dem aufgebrachten Nachbarn meine beste Flasche toskanischen Roten verspreche und Luna mir gereizte Blicke zuwirft; während alldem denke ich im Stillen:

»Na warte, du Saubär. Das schreibe ich alles auf. Und ich fange ganz vorne an und lasse nichts aus. Und jedes Wort ist wahr, wahr, wahr!«

Erkrath, im Februar 2013

Die Kapitel-Häppchen

Wie es zu diesem Buch kam 7

Das Zweithund-Syndrom 13
Frau Dr. Jekyll und Mrs. Hyde 15
Das zentnerschwere Küken 23
Die Terrakottakrieger 32

Das Kandidaten-Chaos 41
Beagle im Schäferhundpelz 43
Hundegulasch in Sakon Nakhon 53
W wie Wildsau 62

Der *Schnuffelwuffel*-Krieg 75
Chez Lune 77
Das Sachenmopserle 85
Sonnenschein mit vier Buchstaben 95

Das Doppel-Pack 107
Blödarschkuh! 109
Killerhunde im Blutrausch 119
Entscheidung auf dem Pommes-Acker 127

Die Schul-Schwänzler 137
Sind wir nicht alle ein bisschen Krause? 139
Ein Pils für den jungen Mann 151
Bloody Wurstfinger 167

Der Urlaubs-Unfug 177
Harte Knochen auf hoher See 179
Gassi provençale 187
Wilde Wutz auf Lesereise 198

Die Ogottogott-Überraschungen 209
Der Neunhundertachtzig-Euro-Hammer 211
Merkwürden auf dem Weg zur Heiligkeit 218
Schreckschrauben haut man nicht 229

Die Schmuse-Backen 237
Weltmeister im Anwanzen 239
Knallfrösche in liebevolle Hände abzugeben 246
Grappa für den Panikheinz 255

Wie es nach diesem Buch weitergehen wird 265

Das Zweithund-Syndrom

»Ein zweiter Hund???
Nur über meine Leiche!«

»Wie jetzt?
Soll der über dich hopsen, oder was?«

Frau Dr. Jekyll und Mrs. Hyde

»Und? Wie war die Hunderunde?«, fragt Stella, als ich mich in den Gartenstuhl sinken lasse und Luna um meine Frau herum zum Steintrog trottet, um eine Portion moosiges, abgestandenes Brackwasser zu schlürfen.

»Keine besonderen Vorkommnisse«, schwindle ich.

Luna legt sich zufrieden brummend auf den Rasen, macht die Augen zu und sieht verdächtig danach aus, als ließe sie sich gerade besondere Vorkommnisse durch den Kopf gehen.

Zwei Stunden vorher. Auf einmal ist es totenstill im Wald. Das Laub raschelt nicht mehr. Die Kette meines Fahrrads dreht sich lautlos. Der Sattel hört auf zu quietschen. Die Vögel verstummen. Die Blätter stellen das Fallen ein. Die neben mir auf den Waldboden trommelnden Pfoten meiner Hündin Luna sind nicht mehr zu hören. Es ist, als hätte eine göttliche Hand von oben in den Hildener Stadtwald gegriffen und den Geräuschpegel auf null gedreht.

Muss der Kriegsgott gewesen sein!

Luna verlangsamt ihre Bewegungen und beginnt, neben dem Fahrrad den Puma zu geben. Tiefgelegt wie ein Sportwagen und von der Nasen- bis zur Schwanzspitze steif wie ein Brett stiert sie in den frühmorgendlichen Dunst. Ihr Blick fixiert, einem Laser gleich, einen Punkt in hundert Metern Entfernung. In ihrem Nacken stehen die Haare senkrecht zu

Berge. Die Muskeln an ihren Hinterläufen treten hervor. Die Nase legt sich in Falten, die Lefzen fahren hoch und erlauben freie Sicht auf blutrotes Zahnfleisch und schneeweiße Hauer.

Ein Donnergrollen bahnt sich den Weg aus den tiefsten Tiefen der Hündinnenbrust, dort, wo die schwarze, finstere Seele haust, hinaus in den Wald und hinauf in die Wipfel. Igel beben. Tannennadeln erzittern. Das Moos duckt sich. Die Wühlmaus erstarrt. Ohnmächtig fällt ein Käuzchen vom Baum.

Was ist geschehen?

Nichts Besonderes.

Ein zweiter Hund hat Deutschland betreten.

Und zwar der Airdale Terrier von Herrn Lohse mit seinem Bällchen.

»Morgen!«, grüßt Herr Lohse aufgeräumt.

»Mohrmpf«, mache ich und versuche vierzig Kilo Krawallmaus unter Kontrolle zu bringen, die sich gerade wutentbrannt auf zwei Beine stellt, um die Schulterhöhe von siebenundsechzig Zentimetern auf beeindruckende einen Meter zweiunddreißig hochzuschrauben.

»Schönen Tag noch und Gruß an die Gattin«, wünscht Herr Lohse, hebt andeutungsweise den Hut und zieht mit Airdale und Bällchen souverän vorbei. Er kennt uns seit sieben Jahren und steht unseren Defiziten bei Frontalbegegnungen freundlich und aufgeschlossen gegenüber.

»Kein Terz im Wald? Oder vor Wolfis grünem Tor?«, fragt Stella.

»Nein«, sage ich und betrachte das schlafende Monster auf dem Rasen. »Gar nicht. Also kaum. Fast nicht. Na gut, irgendwie wie immer. Aber dass sie bei Wolfi ausrastet, ist ja schon Routine. Das zählt quasi nicht mehr.«

Luna gluckst im Schlaf und zuckt. Ihre Hinterläufe schubbern über den Rasen. Sie sieht zufrieden aus. Vermutlich hetzt sie im Traum gerade Herrn Lohse über Stock und Stein.

»Kaffee?«

»Ja, danke. Und in der Baumschule ist dann noch ein Willnurspielen in uns reingerauscht. Mehr war aber wirklich nicht. Wir hatten einen guten Tag.«

»Du solltest den anderen schon von Weitem klarmachen, dass du lieber in Ruhe gelassen werden willst.«

»Ein Halbkrause hat unlängst in einem Hundeforum vorgeschlagen, man solle unterschiedliche Hüte aufsetzen. Roter Hut heißt: Danke, ich und mein Hund wünschen jetzt keinen Hundekontakt. Grüner Hut bedeutet das Gegenteil.«

»Das meint der doch nicht ernst, oder?«

»Das weiß man bei dem nie. Wahrscheinlich hat er auch noch einen rosa Hut dabei. Das wäre dann die Botschaft: Tabletten sind alle, bitte weisen Sie mich umgehend ein. Jedenfalls bin ich froh, dass er nur im Internet praktiziert und nicht im wirklichen Leben.«

Wenn Luna fremden Hunden begegnet, detoniert sie wie ein Atompilz. Ich stehe währenddessen da wie ein Betonpfeiler im Urlaub und gebe ihr Sicherheit. Oder ich verunsichere sie! Wer weiß das schon. Nicht einmal die Fachwelt ist sich darüber im Klaren. Wir haben in den letzten Jahren unzählige Experten und Nichtexperten zu diesem Thema gehört. Erstere im Rahmen professioneller Hundeschulkurse, Letztere bei Besuchen auf Hundewiesen, wo sie herumlungern und jedem Hundehalter ungefragt ihre Meinung aufs Auge drücken. Ich kann mir ihre Namen nicht merken. Ich nenne sie der Einfachheit halber alle Krause. Aus ihrer Richtung kommt eine wahre Springflut krauser Theorien, warum die Krawallmaus so ist, wie sie ist.

Angeblich ist Luna so krawallig, weil sie extrem unsicher, nein, extrem dominant, Blödsinn, extrem ängstlich, ach was, extrem aggressiv ist. Luna flippt nur aus, weil sie keinen Scheff hat, Luna flippt nur aus, weil sie zu viel Scheff hat. Luna zetert, weil ihr die feste Hand fehlt. Luna zetert, weil sie zu hart rangenommen wird.

Ich als Halter bin wahlweise schuld, weil ich ihre Signale richtig interpretiere und falsch reagiere oder weil ich ihre Signale falsch interpretiere und richtig reagiere oder weil ich ihre Signale komplett übersehe und gar nicht reagiere.

Madame mobbt andere, weil sie bald läufig wird, gerade läufig ist, gerade läufig war. Weil sie bald scheinträchtig wird, gerade scheinträchtig ist, gerade scheinträchtig war.

Sie hat zu viel Östrogen. Nein, hat sie nicht. Sie hat zu viel Testosteron.

Der Ochsenziemer ist schuld. Getrockneter Bullenpenis weckt das Raubtier.

Ich unternehme zu viel mit ihr. Ich unternehme zu wenig mit ihr.

Sie ist total überdreht. Sie ist total unausgelastet.

Ich spreche zu viel mit ihr, ich texte sie zu. Ich spreche zu wenig mit ihr, sie weiß nicht, woran sie ist. Ich führe sie zu eng. Ich lasse ihr zu viel Raum. Ich bin viel zu konsequent. Ich lasse zu oft fünf gerade sein.

Es könnte aber auch sein, dass es die Hündin an der Schilddrüse hat. Oder am Kopf. Oder eine versteckte Epilepsie. Oder dass überhaupt viel zu viel nervöser Schäferhund im Genpool steckt. Dass sie unter impulsverstärkendem Serotonin-Mangel leidet, weil sie nicht mit Pferd biogebarft wird.

Dass die Sonne scheint und Stress macht. Dass der Regen

prasselt und Stress macht. Dass das ganze Leben Stress macht, egal, was für Wetter gerade herrscht.

»Es liegt eindeutig daran, dass sie zu früh kastriert wurde«, sagt Krause dreihundertfünfundfünfzig.

»Es liegt eindeutig daran, dass sie zu spät kastriert wurde«, meint Krause dreihundertsechsundfünfzig.

»Sie ist überhaupt nicht kastriert worden«, sage ich.

»Das sagt alles«, so Krause dreihundertsiebenundfünfzig.

»Im Grunde ist es wurscht, welcher Krause nun welche Theorie vertritt«, sage ich und schaufle mir Sahne auf meinen Pflaumenkuchen. »In einem haben sie alle recht: Lunas Benehmen anderen Hunden gegenüber ist unter aller Sau.«

»Das wäre so«, sagt Stella, »als radelten wir durchs Neandertal und hauten jedem Spaziergänger im Vorbeifahren kommentarlos eine rein.«

»Nachdem die freundlich *Grüß Gott* gesagt haben«, sage ich.

»Das ist ja auch eine unglaubliche Provokation«, sagt Stella.

»Wo wir doch gar nicht katholisch sind.«

Meine Kuchengabel kratzt über den Teller. Luna wird wach. Zumindest ihr rechtes Ohr. Es stellt sich interessiert auf und fängt verlockenden Schall ein. Wo Besteck über Porzellan kratzt, könnte etwas zu holen sein.

»Dieser Hund ist im Wald eine Katastrophe«, sagt Stella. »Und im Haus ein Traum.«

»Drinnen Frau Dr. Jekyll und draußen Mrs. Hyde«, sage ich und ignoriere tapfer den bettelnden Bumskopf auf meinem Oberschenkel, der der unerschütterlichen Ansicht ist, es müsse auf der Stelle Sahne in ihn hineingestopft werden.

Gelegentlich kommt mir im Haus eine abgrundtief seufzende Luna entgegen. Sie trägt gelbe Shorts, ein rosa T-Shirt und ein knallrotes Kopftuch. Letzteres ist so fest um die Schlappohren gewickelt, dass die Sonnenbrille – Typ Porno, goldener Rahmen, violette Tönung – tadellos auf der Nase hält und dem Hund erst nach fünf Stufen aus dem Gesicht fällt.

Sie sieht mich mit herzerweichendem Blick an, und ich frage mich, wie lange dieser sozial angeblich völlig inkompetente, als brandgefährlich verschriene Schäferhundmischling wieder im Kinderzimmer stillgehalten hat. Meist wird Luna von unseren beiden Töchtern mit einem unwiderstehlich duftenden Stück Fleischwurst ins Zimmer gelockt. Kaum ist sie drin, knallt die Tür zu, und der Koffer mit den Faschingsklamotten geht auf. Marie, unsere Jüngste, und Lotta, ihre ältere Schwester, leisten als Outfitberater ganze Arbeit. Luna hält still und lässt die Verkleidungsarie ergeben über sich ergehen.

Und nicht nur die!

Luna lässt sich von jedem in der Familie den Napf unter der Schnauze wegnehmen. Wir dürfen ihre Wurst mopsen und am Ochsenziemer ziehen. Die Kinder betrachten sie zu gleichen Teilen als Kopfkissen und als gute Freundin, bei der man sich ausheulen kann. Meckerfrei lässt sie sich einmal im Jahr zu Weihnachten shampoonieren und frisieren. Sie belästigt unsere Gäste nicht, weder die bekannten noch die unbekannten, und beherrscht sämtliche albernen Kommandos wie zum Beispiel *Rolle, Peng, Winkewinke* und *Spüli* aus dem Effeff.

Der Unterschied zwischen drinnen und draußen ist derart verblüffend, dass ich in regelmäßigen Abständen *Schizophrenie beim Hund* googele, was mich aber auch nicht schlauer macht. Ab und an werde ich von Leuten gefragt, warum ich Luna nicht abgebe. Man könne ja nun wirklich nicht von Lebensbereicherung sprechen, wenn einen der eigene Hund am Strick erst vom Fahrrad und dann durch die Böschung zieht – wegen einer Lappalie!

Ich pflege mir dann den Dreck von den Hosen zu klopfen und freundlich zu antworten: »Erstens ist ein Eichhörnchen keine Lappalie, und zweitens liebe ich diesen Hund! Und zwar jeden aufgebrachten Millimeter.«

Seit ich Luna kenne, habe ich eine hohe Achtung vor allen Hunden, die ihren eigenen Kopf behalten haben, ihr eigenes Herz und ihren eigenen Willen. Genauso hoch ist mein Respekt vor den Menschen, die ihr Leben mit diesen besonderen Geschöpfen teilen. Was uns mit unseren Hunden verbindet, ist seelentief. Wir erleben Momente höchsten Glücks und tiefster Enttäuschung, beides so intensiv, dass wir manchmal glauben, die Luft brennt. Es ist nicht bloß zusammen leben. Es ist zusammen lebendig sein.

Aufmüpfige Hunde sind Hunde, die dir in guten wie in schlechten Zeiten ganz nah sind. Sie kämpfen und sie streiten mit dir! Du musst dich mit ihnen wirklich versöhnen! Bestechen lassen sie sich nicht. Sie sehen dich an und sagen NEIN. Sie stampfen auf. Sie fügen sich vielleicht, aber eigentlich nur, wenn sie müde sind. Sie zwinkern dir zu. Sie teilen deine Ängste und deine Zuversicht. Sie lassen dich staunen und lachen, wieder und wieder. Es sind Hunde, die sich ganz schnell aus der Ruhe bringen lassen und trotzdem deinen Herzschlag annehmen, sobald sie neben dir liegen.

Marie kommt in den Garten und legt sich zu Luna auf die Wiese.

»Ist das da Sahne auf Lunas Nase?«, fragt sie.

»Das könnte sein«, sage ich.

»Der Hund wird nicht am Tisch gefüttert«, sagt Marie.

»Wird er auch nicht«, sage ich.

»Warum ist dann Sahne drauf?«

»Das war nicht Füttern. Das war ein neues Kommando.«

»Welches?«

»*Spüli!*«, sage ich. »Wenn man *Spüli* sagt, muss sie den Teller abschlecken. Ob sie will oder nicht. Da bin ich konsequent.«

»Als ob die jemals nicht will«, sagt Stella und bewirft mich mit Gras.

»Luna ist langweilig«, sagt Marie und krault Luna hinter dem Ohr. »Die liegt den ganzen Tag nur rum.«

»Das tun Hunde eben«, sage ich. »Die sind nicht unglücklich deswegen. Außerdem waren wir gerade spazieren.«

»Ja, aber jetzt seid ihr wieder da, und Luna liegt rum. So ganz ohne Lesen, Radiohören oder Filmegucken. Nur abhängen, das ist doch nix. Die braucht doch auch Gesellschaft.«

»Hat sie doch. Du bist ja da. Und Lotta. Und euer Bruder.«

»Das ist nicht dasselbe«, sagt Marie. »Ich finde, wir brauchen einen zweiten Hund.«

Vor meinem geistigen Auge ziehen Bilder von einem Hundegespann vorbei, das außer Rand und Band durch die Bude tobt, gemeinsam den Garten umgräbt und sich draußen beim Kollegenmobbing gegenseitig anfeuert.

»Ein zweiter Hund???«, schnappe ich. »Nur über meine Leiche!«

»Wie jetzt? Soll der über dich hopsen oder was?«

Das zentnerschwere Küken

Sandy heißt man, wenn man in Florida wohnt und im Coral Key Park mit seinem Delfinkumpel um die Wette schwimmt. Oder wenn man unter Nullhundertneunzig verbalerotischen Service anbietet. Aber man heißt nicht Sandy, wenn man Labbi ist und in unmittelbarer Nachbarschaft zur Krawallmaus lebt. Da sollte man besser Tyson heißen oder Falk oder Anthrax.

Trotz dieses Mankos hat sich Sandy, ein hochbeinig gezüchteter Labrador aus der ZAZ-Linie – zierlich, arglos, zart besaitet –, von einer Katze den Stichweg zu unserem Haus hinunterlocken lassen. In Höhe unseres Gartenzauns wird Sandy von einer detonierenden Luna aus seiner selbstvergessenen Pirsch gerissen.

»Wie soll das hier mit einem zweiten Hund funktionieren?«, frage ich, während ich meine tobende Töle scharf ins Auge fasse. »Luna kriegt ja schon Schnappatmung, wenn sich einer auf hundert Meter dem Zaun nähert.«

Meine Frau stützt sich auf den Spaten und sieht dem verstört davongaloppierenden Sandy nach.

»Wir müssten es einfach mal ein paar Tage lang ausprobieren«, sagt sie. »Entweder Luna akzeptiert einen zweiten Hund im Haus oder eben nicht. Das will ich aber nicht erst wissen, wenn der Neue da ist.«

»Welcher Neue denn?«, frage ich fassungslos.

»Wir hatten das doch neulich besprochen.«

»Meinst du, als Marie vorgestern in den Garten kam? Von Besprechung kann ja wohl keine Rede sein.«

»Komm, du willst es doch auch«, sagt Stella und guckt so, wie sie immer guckt, bevor ich einknicke.

Ich brumme irgendetwas von Maldenrasenmäherölengehen und renne fünf Minuten lang geschäftig im Garten herum.

»Wir könnten uns einen ausleihen«, sage ich schließlich.

»Wer opfert für so ein Experiment wohl seinen Hund?«, sagt Stella und scheucht Luna vom Rasen, die offensichtlich beschlossen hat, vorsorglich schon mal Sandys Grab auszuheben.

»Malu und Klaus«, sage ich. »Die zwei suchen für vierzehn Tage eine Bleibe für Aiko, während sie in Kanada sind.«

»Und die Hunde mögen sich?«, fragt Stella.

»Draußen schon«, sage ich. »Wie es im Haus aussieht, kann ich nicht sagen. Jedenfalls ist dieser Hovawart dickfellig genug, um Madame abperlen zu lassen, falls sie schwierig werden sollte.«

»Dann mal her mit dem Knaben«, sagt Stella.

Seit Aiko, der Hovawart, zu Besuch ist, ist unser Haus entschieden zu klein. Luna und er bringen zusammen hundertachtzig Pfund Hund auf die Waage und stecken im Gebäude wie ein dicker Fellpfropf. Es sieht aus, als hätten sich die beiden vom ersten Moment an vorgenommen, unsere gesamte Familie schonungslos in die Tücken der Zweithundehaltung einzuweisen.

Der Unterricht beginnt bereits am ersten Abend. Da lerne ich, dass ein fünfzig Kilo schwerer Rüde und eine vierzig Kilo schwere Hündin besser nicht gemeinsam in der Küche übernachten. Es geht nicht um Sex, sondern um Gesellschaftsspiele. Die beiden Mistviecher toben kurz nach Mitternacht wie die Wahnsinnigen um den Küchentisch und spielen Reise nach Jerusalem.

Als ich wie ein Gewitter im Türrahmen stehe, werde ich freundlich angewedelt. Zwei Paar große Hundeaugen erwarten, dass jetzt die Terrassentür aufgeht, damit man im Grünen weitertoben kann. Von wegen! Ich weise den Herrn in die Schranken und packe das Weib in ein anderes Zimmer.

Ab sofort nächtigt das Paar separat!

Am nächsten Morgen trifft Aikos Futter mit der Post ein. Vierundzwanzig Schlemmertöpfe in Bioqualität mit einem Gesamtgewicht von einundzwanzig Kilogramm. Malu hat mir letzte Woche zwar mitgeteilt, dass diese Sendung auf den Hof rollen wird, ich habe es aber gleich darauf wieder vergessen.

Als der DHL-Sprinter vor dem Haus hält, freue ich mich. Ich warte seit Tagen auf fünf T-Shirts von Eddy Bauer. Der Bote drückte mir den tonnenschweren Karton in die Hand. Meine Güte, was haben die bloß zu den T-Shirts gepackt, denke ich und finde keine T-Shirts, sondern Wild & Nudeln, Rind & Pute, Lamm & Reis, Fisch & Huhn!

Luna fallen beinahe die Augen aus dem Kopf.

Da sie zu Gewalttätigkeiten bei der Ressourcenverteidigung neigt, befürchte ich schwerste Kampfhandlungen, wenn ich Luna ödes Trockenfutter in den Napf kippe, während Aiko gleichzeitig *Dialog von Wildnudeltopf und gekräutertem Fischrisotto an essenziellen Fettsäuren* serviert bekommt. Also aromatisiere ich Lunas Pellets mit einem Klatsch von Aikos Mampf und hoffe das Beste für alle.

Es klappt. Die Herrschaften futtern getrennt und bleiben friedlich. Jeder speist in einer Küchenecke. Sobald der eigene Napf leer ist, rennen sie zur Schüssel des anderen, gucken, was es gab, und schlecken sie blitzblank.

Das ist vom ersten Tag an ein Ritual.

Ein weiteres Ritual: Luna probiert stundenlang aus, ob man dem Kerl nicht die Domina-Tatze in den Nacken legen kann. Das klappt bei vielen Rüden sehr gut. Bei Aiko nicht. Aiko knallt ihr umgehend eine vor den Latz. Selbst dann, als sie dreistes Nackentatzen mit unterwürfigem Warnurspaßfiepen kombiniert. Nach einem Tag ist klar: Der ist doof, der will das nicht. Von da an nutzt Luna das Nackentatzen nur noch, um Aiko zum Jagdspiel zu überreden. Wenn der faule Sack nicht mitmachen will – einfach Tatze auf den Nacken patschen. Schon tobt er wutschnaubend hinter ihr her.

So brettern sie einmal am Tag fünf Minuten wie die wilde Wutz rund um das Gartenhäuschen. Die restlichen eintausendvierhundertfünfunddreißig Minuten starren sie den Zweibeinern Löcher in den Bauch und wünschen, auf der Stelle ausgiebig beschäftigt zu werden. Mir dämmert, dass es keine gute Idee ist, einen zweiten Hund ins Haus zu holen, damit sich der Ersthund nicht langweilt. Man erreicht damit nur, dass statt einem Hund zwei Hunde Trübsal blasen.

Zur Abwechslung lässt Marie versehentlich ein Stück Käsekuchen von Bäcker Schüren auf den Küchenboden fallen. Bevor noch irgendeiner »Achtung! Käse! Kuchen!« sagen kann, ist es weg.

Luna guckt unschuldig. Aiko kaut noch.

Besorgt blättern wir im *Taschenatlas Giftpflanzen*. Ist ja schließlich ein Gasthund. Hyazinthe, Jungfernrosmarin, Kartoffel, Kastanie, Kellerhals – wir atmen auf. Käsekuchen ist nicht dabei.

»Aiko hat so einen schönen plüschigen Kopf«, sagt Lotta und krault den Dicken hinter den Ohren. »Ich werde ihn Küken nennen.«

»Es gibt keine Küken, die fünfzig Kilogramm wiegen«, sage ich.

»Das ist mir egal«, sagt Lotta.

Das hat's hier im Haus auch noch nie gegeben. Ein Hund, der, ohne den Kopf anzuheben, auf den Kaffeetisch gucken kann.

Im Laufe der ersten Woche bringt uns Aiko bei, was *Hov warten* genau bedeutet. Er gibt lautstark Bescheid, wenn sich vor dem Haus, im Garten, im Viertel, in Düsseldorf, ach was, in ganz Nordrhein-Westfalen irgendetwas regt. Wir müssen ihn überschwänglich fürs Aufpassen loben. Erst dann ist Ruhe.

Bemerkenswert ist, dass dieser Rüde völlig unspektakulär, aber nachhaltig innerhalb nur eines Tages die Aufpasserrolle übernommen hat. Luna war zwar noch nie ein wilder Vogel hinterm Zaun, aber angeschlagen hat sie immer. Seit Aiko im Haus ist, lässt sie das sein. In einem von mir unbemerkten Moment hat er Luna zu verstehen gegeben:

»Bleib du liegen, ich mach das.«

Seither denkt sie bei jedem, der auf den Hof fährt:

»Ich bleib liegen, mach du das.«

Unmissverständliche Körperhaltung, kein Zögern, wenn es darauf ankommt, ab und an ein kurzer, warnender Blick – mehr war von seiner Seite nicht nötig. So effizient funktioniert Kommunikation unter Hunden. Menschen arbeiten zwei harte Jahre lang krause- und fachbuchgestützt, um ihrer Töle das Postbotenkläffen abzugewöhnen, und schaffen es trotzdem nicht.

Gelegentlich zicken die beiden sich an, als wären sie schon dreißig Jahre verheiratet. Vor allem, wenn sie in den Kofferraum des Bulli hopsen sollen, um in den Stadtwald zu fahren. Sobald Luna »Mach dich nicht so fett, Dicker!« mault, rempelt Aiko sie extra noch mal an. Luna feuert ihm eine, er bollert zurück. Danach sind beide zwei Minuten miteinander beleidigt, und jeder guckt – pöh! – aus einem anderen Fenster.

Wenn wir überhaupt so weit kommen.

Meist scheitern wir ja schon in der Remise.

Ich sage *Hopp!* Luna springt in den Kofferraum, Aiko nicht. *Hopp!!* Aiko springt wieder nicht rein, aber dafür Luna wieder raus. *HOPP!!!* Aiko guckt Luna beim Reinspringen zu. *HOOPPP!!!!* Aiko guckt Luna beim Rausspringen zu. *Platz!* Luna legt sich vor das Auto. *Aiko, hopp!* Aiko springt rein. *Luna, hopp!* Luna springt rein, Aiko springt raus.

Wir gehen zu Fuß.

Allerdings will auch Spazierengehen gelernt sein. Luna regt sich tierisch wegen Bauer Fürmanns Wolfi auf, der hinter dem Hoftor möppert. Aiko denkt, Luna fauche ihn an, und motzt zurück. Die Herrschaften sind auf dem besten Weg, sich in die Haare zu geraten. Ich donnere dazwischen und ziehe die Streithammel an den Leinen weit auseinander. Das ist wie Butterfly im Fitnessstudio, nur ohne Monatsgebühr.

Auf den nächsten fünfhundert Metern wedele ich mit den Armen wie eine holländische Windmühle, wenn Aiko nach links und Luna nach rechts zieht und sie sich in der Mitte kreuzen. Es dauert eine Weile, bis ich die beiden Dickschädel auf Kurs habe.

Zudem werde ich ständig ausgebremst, weil die Hunde der Meinung sind, jeder zweite Grashalm müsse angebrunzt werden. Aiko – Rüde, logisch – fängt damit an, und Luna – Testosteronweib, also quasi Rüdin – lässt sich nicht lumpen. Erst als ich Wildpinkeln kategorisch untersage, kommen wir in zufriedenstellendem Tempo vorwärts.

Ebenfalls ein interessantes Phänomen: Wenn man mit zwei großen, dunklen Hunden unterwegs ist und diese ins *Fuß* nimmt, damit die Entgegenkommenden keine Angst haben müssen, kriegen diese erst recht Angst.

Aiko mag keine Treppen und geht keine Treppen. Die steile Stiege zu meinem Dachbodenbüro schon mal gar nicht. Lieber legt er sich davor und guckt anderen beim Hoch- und

Runtersteigen zu. Ich muss mir also keine Sorgen machen, dass der Zosse sich die Haxen bricht.

Wieso ihn ausgerechnet am vorletzten Tag der Teufel reitet, ist mir ein Rätsel.

Ich telefoniere im Büro. Plötzlich höre ich schweres Schnaufen an meinem linken Ohr. Die Kundschaft kann es nicht sein, die spricht ins rechte. Ich drehe mich um und gucke in das strahlende Gesicht eines unverbesserlichen hovawartschen Neugierspinsels.

Auf diese große Freude folgt umgehend die Erkenntnis: Hoch ist immer einfacher als runter. Denn runter will Aiko nicht mehr. Ich versuche alles. Locken mit Worten, locken mit leeren Versprechungen, locken mit Lunas lasziv schwingendem Hintern. Strammes Fußgehen im Büro und beiläufig die Treppe ins Visier nehmen hilft auch nicht. Aiko bockt und biegt ab. Selbst als jede Stufe mit Blutwurst gepflastert wird, kommt er über die erste nicht hinaus.

Nach einer Stunde fruchtlosen Säuselns nehme ich den Bären auf den Arm und trage ihn hinunter, während Luna demonstrativ die Bürostiege hinauf- und herunterwuselt.

Wie unterschiedlich doch diese zwei Hunde sind.

Draußen scannt Luna mit erhobenem Kopf die Gegend und sucht Opfer. Aiko hingegen schnuffelt den Boden entlang und interessiert sich nur für das, was zwanzig Zentimeter vor seiner Nase liegt.

Rufe ich *Hier*, macht Luna auf dem Absatz kehrt und kommt zu mir. Aiko guckt mich erstaunt an – *Was heißt hier HIER!?* – und zieht nach fünf Minuten einen Richtungswechsel unter Umständen eventuell in Betracht.

Begegnen wir vierbeinigem Mobbingmaterial, schießt Luna wie eine Rakete nach vorn, Aiko hält sich vornehm zurück und schweigt.

Luna rast hyperaktiv über die Wege, Aiko schreitet bedächtig einher.

Luna leert einmal die Blase und geht dann mit mir spazieren, Aiko macht an jedem zweiten Grashalm Pinkelpause.

Wenn das Ende der Leine erreicht ist, spürt Aiko unangenehmen Druck und hört automatisch auf zu ziehen. Luna spürt unangenehmen Druck, findet das angenehm und zieht erst recht.

Kommt einer an den Gartenzaun, hüpft Luna aufgeregt auf der Stelle und sagt nix. Aiko steht da wie ein Monument und donnert den Besucher an.

Sitze ich auf der Treppe und binde meine Schuhe, zappelt Luna hinter meinem Rücken und schleckt mir begeistert ein Ohr weg. Aiko baut sich vor mir auf und blickt mir stoisch ins Gesicht – Entfernung fünf Zentimeter, schwerer Wild-&-Nudel-Atem.

Luna schläft oben unterm warmen Dach, Aiko im Erdgeschoss auf den kühlen Fliesen. Luna inhaliert ihr Essen und säuft danach den halben Napf leer. Aiko mampft seelenruhig sein Futter und trinkt zwischendurch eine Kleinigkeit.

Nach zwei Wochen mit zwei Hunden kristallisiert sich dreierlei heraus.

Erstens. Ich bin draußen viel strukturierter und kompromissloser unterwegs als sonst. Mit zwei Dickköpfen kann ich nicht diskutieren, sonst regiert das Chaos. Folglich kriegen die zwei immer klare Ansagen, wo es langgeht. Das hilft ungemein im Alltag.

Zweitens. Phlegma siegt in der öffentlichen Wirkung. Die Leute sagen jetzt nicht mehr: »Das ist aber eine biestige Hündin«, sondern: »Das ist aber ein lieber Rüde.« Mein versautes Image erholt sich zusehends.

Drittens. Die Bedächtigkeit von Aiko färbt nicht auf Lunas

überschäumendes Temperament ab. Umgekehrt passiert das aber auch nicht. Offensichtlich ist die Ansteckungsgefahr, was das Unfugtreiben angeht, doch geringer, als in der Fachliteratur allgemein befürchtet.

»Das hat doch tadellos geklappt«, sagt Stella, als Klaus' und Malus Auto mit dem zentnerschweren Küken im Kofferraum vom Hof rumpelt.

»Finde ich auch«, sage ich und winke mit schmerzender Schulter hinterher. »Bis auf die Butterfly-Übungen vor Wolfis Hoftor.«

»Es ist kein Blut geflossen«, sagt Stella. »Die Möbel sind nicht angekaut, das Geschirr ist ganz geblieben, und die Balken im Haus wurden nicht angepieselt.«

»Ja«, sage ich. »Aber Aiko wird nun mal nicht unser Zweithund, sondern Weißdergeierwer. Auf jeden Fall muss er klein sein und die anderen in Ruhe lassen. Und er darf nicht an der Leine propellern!«

Seit heute Nachmittag ist Aiko wieder zu Hause. Wir Menschen vermissen ihn, Luna nicht. Sie hüpft vergnügt durchs Gelände. Endlich wieder mein Haus, mein Garten, mein Kofferraum, mein Fahrrad, meine Familie.

Erst als wir gegen halb zwölf Uhr nachts noch einmal in den Garten gehen und uns kein schnaufender Hovi begleitet, macht Madame ein langes Gesicht.

Der versteckt sich ja gar nicht.

Der ist wirklich weg.

Die Terrakottakrieger

Auf dem unbewohnten Nachbargrundstück mästen verbitterte, betonschädelige Witwen unter der Schirmherrschaft des örtlichen Tierschutzvereins einen Haufen streunender Katzen. Es gibt Unmengen von Kalbsterrine, Forelle mit Gelee, Lachs in Joghurt und zum Runterspülen Whiskasmilch. Wer es am Magen hat, bekommt auch schon mal frische Pute aufgebraten. Die genaue Bezeichnung lautet in etwa »Freie Futterstelle für nicht mehr sozialisierbare Katzen und Kater«.

Das geht seit nunmehr zehn Jahren so.

Auf meine einmal jährlich vorgetragene freundliche Bitte, das Treiben etwas einzudämmen, weil vierzehn streunende Katzen definitiv zu viel seien, meine Frau eine Katzenallergie habe und meine Leasingfahrzeuge vor der Abgabe immer unter der UV-Lampe stünden und hernach Katzenkratzer für eintausendvierhundertundachtzig Euro überlackiert werden müssten, werde ich mit dem vernichtenden Blick bedacht, den der Tierschützer für den Tierquäler übrig hat. Anschließend werden meine Kinder zusammengefaltet, sie sollten gefälligst leise spielen, die Katzen könnten sonst nicht ungestört fressen.

Der Hinweis, die Katzen hausten inflationär in unserer Scheune, unserem Fahrradschuppen, unserem Holzschuppen, unserem Gartenschuppen, unserem Schafstall, unserer Remise und unserem Werkstattschuppen, wird so konsequent ignoriert wie die Tatsache, dass ich zweimal pro Jahr den vollgekackten Kindersandkastensand austauschen muss. Lächerliches Gejaule! Es geht schließlich um höhere Ziele. Dass Luna nach Ausflügen in die Nachbarschaft regelmäßig eine Überdosis proteinhaltiges Katzenfutter in die Wohnung kotzt, interessiert ebenso wenig wie Bauer Fürmanns Lamento, seine Hofkatzen fingen keine Hofmäuse mehr, sondern machten jeden Abend um achtzehn Uhr rüber und futterten sich rund.

Wenn Wind aufkommt, segeln Plastikschälchen, Wasserkanister und Tuppertöpfchen über die Wiese. Im Buschwerk finden sich Katzenhäuschen, zusammengetackert aus Plastikfolie und Styroporresten. Auf dem Weg zur Katzenfutterstelle grüßen mich die Ratten mittlerweile mit Vornamen. Nachts sehe ich alte Gewitterhexen *Bienchen! Bienchen!* rufend durch meinen Garten schleichen.

Jegliche Form konstruktiver Kritik perlt ab. Als mir der Kamm zu schwillen beginnt, greifen die teflonbeschichteten Damen zur psychologischen Kriegsführung. Sie twittern analog durch die Nachbarschaft, wir seien brandgefährliche Tierhasser, denen man nicht über den Weg trauen könne, und hielten neuerdings extra einen Kampfhund. Luna war zu diesem Zeitpunkt drei Monate alt und noch nicht trocken hinter den Ohren. Außerdem hätten wir unerzogene Kinder, attackierten wehrlose Frauen, legten Rattengiftleberwurstbrötchen aus und – Gipfel der Verderbtheit – stählen hochwertige Katzenfutterschälchen aus Terrakotta.

Es sind dann auch genau diese Terrakottaschälchen, die das Fass zum Überlaufen bringen!

Eines Tages räume ich kurz entschlossen die Gegend auf und trage einen stattlichen Müllberg zusammen, um ihn zur Deponie zu fahren. Bauer Fürmann sagt noch *»Mach mal besser ein Foto!«* – da liegt auch schon ein Schreiben von der Kripo im Briefkasten.

Stella und ich sind tatsächlich wegen Diebstahls angezeigt worden und haben die Ehre, montagmorgens drei Stunden lang von einem wenig begeisterten Erkrather Kriminalkommissar vernommen zu werden. Getrennt, wie man es aus dem Krimi kennt! Mal schauen, ob sich die Eheleute in Widersprüche verwickeln. Der arme Mann hat keine Wahl. Da er verpflichtet ist, jeder Anzeige nachzugehen, und sei sie noch so fadenscheinig, muss er den ganzen Bürokratiestiefel von A bis Z durchziehen.

Er hat eine Saulaune.

Missmutig tippt er meine Aussage in den Computer. Ich stelle mir vor, wie er mit seiner Frau sonntagabends vor dem Fernseher sitzt und *Tatort* guckt. Während die *Tatort*-Kollegen im Moloch Berlin eine dramatische Serie von Prostituiertenmorden aufklären und danach einen Orden vom Polizeipräsidenten bekommen, fragt seine Frau beiläufig: »Na, Schatz, was liegt bei dir morgen so an?« Und er kann nur leise fauchen: »Ich habe den Terrakottaschälchenfall auf dem Tisch.«

Mein lieber Mann, da geht die Laune aber kilometertief in den Keller!

Wir können nachweisen, dass es sich bei dem hochwertigen Terrakottaschälchen um einen zerbrochenen Blumenuntersetzer handelt, dessen Scherben ich aus unserer Zufahrt entfernte. Die ebenfalls amtlicherseits gesuchten sechs Porzellannäpfe im Wert von vierzig Euro haben nie existiert. Das waren handelsübliche Styroporschalen, in denen Edeka Gehacktes verkauft.

Umgehend kommen meine Frau und ich auf freien Fuß.

Natürlich haben wir die Schnauze gründlich voll. Wir zitieren sämtliche Damen des Tierschutzvereins aufs Grundstück, ein bisschen Presse dazu, die stellvertretende Bürgermeisterin, einen Vertreter der Grünen aus dem Gemeinderat. Der von der Lokaljournalistin bestellte Fotograf rumpelt fünfundzwanzig Minuten zu spät in einem violetten 280 SL Cabrio, Baujahr 1980, auf den Hof.

Ein denkwürdiges Meeting. Danach ist Ruhe.

Es werden heute wieder – wie vor der Entgleisung – vier bis fünf Katzen versorgt, was für uns in Ordnung ist. Die Damen sind nicht nennenswert umgänglicher geworden.

Erlebe eigentlich nur ich Tierschutz als Tummelplatz von alten, vom Leben enttäuschten Frauen? Krähen, die allen die Augen aushacken, die nicht so denken wie sie? Mit einer Verbissenheit, Boshaftigkeit und rücksichtslosen Ignoranz wird tiergeschützt, dass die Schwarte kracht. Für Kinder kein einziges gutes Wort, für Mitmenschen Gehässigkeiten, Beleidigungen und Verleumdungen. Aber *Bienchen! Bienchen!*, sobald etwas mit vier Beinen daherkommt!

»Ich möchte auf gar keinen Fall einen Hund aus dem Tierschutz«, sage ich, als Stella die Seite mit den Tierheiminsassen hinunterscrollt und mit dem Finger auf einen braun gefleckten Naseweis zeigt. »Denk bloß mal an unser Scharmützel mit den Terrakottakriegern.«

»Komm jetzt, es gibt auch nette.«

»Hunde?«

»Tierschützerinnen.«

»Der ist süß!«, sagt Marie und drückt begeistert ihren Zeigefinger auf den Monitor.

»Das ist kein Touchscreen«, sage ich und sehe nach, ob sich auf der Rückseite des Laptops irgendetwas ausbeult.

»Und klein ist er auch nicht«, sagt Lotta trocken. »Das ist ein germanischer Bärenhund.«

»Zumindest würde der nicht an der Leine propellern«, sagt Marie.

»Das stimmt«, sage ich. »Dafür braucht er zweihundert Meter Bremsweg, wenn er mal auf Touren ist.«

Ich kann es nicht fassen, dass ich diese Diskussion überhaupt führe. Vier Jahre lang habe ich mich mit aller Kraft gegen einen Zweithund gewehrt, und jetzt sitze ich plötzlich da und google Tierheimhunde. Effizienter kann man seine Vorsätze kaum über den Haufen werfen. Wirksamer ist nur noch, auf gar keinen Fall einen Hund zu wollen, aber schon mal zur Orientierung Welpen zu besichtigen. Nach so einer Aktion kommen die wenigsten mit leeren Händen nach Hause.

Auf den Tierheimseiten klingt ein Hundelebenslauf elender als der andere. Die dazugehörigen Bilder machen mich erst recht fertig. Die meisten Hunde gucken so betrübt. Nach einer Weile stelle ich fest, dass mir die fröhlichen Hundeblicke noch mehr ans Herz gehen als die traurigen. Da gibt es tatsächlich Kandidaten, die haben trotz ihrer Scheißjugend die gute Laune nicht verloren. Als mir dann auch noch ein Zwergrauhaardackel namens Moritz quietschvergnügt ins Gesicht grinst, obwohl er zwei Tage an der Autobahn angebunden war, ist es vorbei mit meiner Zurückhaltung. Die Bastion ist sturmreif geschossen.

»Mensch!«, sage ich. »Da wird ja wohl einer für uns dabei sein.«

Marie und Lotta fallen mir um den Hals. Ich kann die beiden so gut verstehen. Sie möchten seit ewigen Zeiten mit Luna spazieren gehen und dürfen nicht, weil sie noch nicht sechzehn sind. Abgesehen davon, selbst wenn sie sechzehn wären, fänden sie es nicht allzu verlockend, von Luna zu den Nachbarn hinübergeschleift zu werden, nur weil deren Westie Nelly im verglasten Erker randaliert wie ein Hooligan im falschen Block.

»Das soll ja auch nur ein kleiner, braver sein«, sagt Lotta.

»Genau«, sage ich. »Die großen sind sowieso zu teuer im

Unterhalt. Ich bin schon wieder pleite. Meine letzten fünf Euro habe ich mir gestern versehentlich aus der Hosentasche herausgeradelt, als ich mit Luna unterwegs war.«

»Erziehen sich Hunde eigentlich selber, wenn sie zu zweit sind?«, fragt Stella.

»Ein beliebtes Krausethema«, sage ich. »Die einen sagen so, die anderen so. Wie viele Meinungen willst du hören?«

»Fang einfach an«, sagt Stella. »Ich sage Stopp.«

»Franzke und Führmann haben ein gutes Buch zum Thema geschrieben, raten bei Lunas Veranlagung aber leider vom Zweithund ab. Sie würde den zweiten mit ihrer Aggression vermutlich anstecken, wenn sie ihn überhaupt dulde. Ansonsten herrscht der übliche Meinungswirrwarr. Die gucken sich nur das Schlechte voneinander ab, heißt es beim einen. Von wegen, die gucken sich nur das Gute voneinander ab, meint der andere. Das kommt auf das Alter an, die Alten erziehen die Jungen. Quatsch mit Soße, meint wieder ein anderer, die Alten lassen sich vom Unfug der Jungen anstecken, um sich wieder jung zu fühlen. Außerdem gibt es noch den gedanklichen Ansatz, dass man für jeden Hund eine andere Führungspersönlichkeit braucht. Ich müsste mich quasi spalten. Der Lunamichael muss ein anderer sein als der Zweithundmichael. Aber wenn unser zweiter Hund ähnlich persönlichkeitsgespalten ist wie Frau Doktor Jekyll und Mrs. Hyde hier, dann sind meine Führungspersönlichkeit und ihre drei Ichs demnächst mit vier Hunden unterwegs. Es sei denn, ich höre auf eine Splittergruppe der Heititei-Fraktion. Da darf...«

»Stopp!«

»... man nicht führen, weil das Wort Führung negativ besetzt ist. Die geben ihren Hunden keine Kommandos, sondern Anweisungen, und manchmal bitten sie sie um etwas.«

»So genau wollte ich es gar nicht wissen!« Stella verdreht die Augen.

Vergeblich.

Ich werde langsam warm.

»Das war natürlich nur ein grober Überblick. Vernachlässigt habe ich die Internetkrauses in schätzungsweise fünfzig bundesdeutschen Hundeforen, die zum Thema Rudelhaltung ohne Weiteres Threads mit Tausenden von Beiträgen gebären können. Also der Hundefühler beispielsweise ...«

»Der hat mir gerade noch gefehlt.«

»Der Hundefühler rät mir von der Hundehaltung generell ab. Luna leide wie ein Hund unter dem Stress, den ich verursache. Im Grunde müsste mir der Hund gleich sofort hier und jetzt abgenommen werden. Ich sei das Unfähigste, was ihm jemals begegnet ist.«

»Du bist ihm doch gar nicht begegnet.«

»Eben.«

Währenddessen haben Lotta und Marie den Laptop zu ihrem Bruder Max auf das Sofa getragen und setzen ein Lesezeichen nach dem anderen. Da Marie zu *niedlich* tendiert, Lotta zu *eigenständig* und Max zu *Bollerkopp*, läuft die Mischung etwas aus dem Ruder.

»Klick mal den an, bitte.«

»Ich mag aber Gestromte mit viereckigen Köpfen nicht so.«

»Wurscht. Mach trotzdem mal.«

»Lieber den kleinen Winzigen da.«

»Meinst du den Sapla-, Sapli-, Sapclic? Was? Hä?«

»Wie wird das überhaupt ausgesprochen?«

»Keine Ahnung. Ist aber süß.«

»Gut, den nehmen wir dazu. Und den Wuschel auch.«

»Nee, der hat doch ein Bein ab!«
»Ist doch gut. Dann darf er umsonst S-Bahn fahren.«
»Wie viele haben wir jetzt?«
»Sieben, glaube ich.«
»Mit Moritz acht.«

Bevor ich einwenden kann, dass unser Familienprojekt *Zweithund* heißt und nicht *Achthund*, legt Stella den Finger an ihre Lippen.

Ich sage nichts.

Frau Dr. Jekyll und Mrs. Hyde liegen derweil selig schnarchend unter dem Küchentisch und haben nicht den Hauch einer Ahnung, was ihnen blüht.

Das Kandidaten-Chaos

»Der? Niemals!«, sage ich.
»Kategorisches Nein-Basta-Ende-Aus!«
»Wer ist dafür?«, fragt Lotta unbeeindruckt.
Vier Hände gehen hoch.

Beagle im Schäferhundpelz

Die Achthunddiskussion ist noch nicht ganz verklungen, da lege ich mich auch schon schwer ins Zeug, um aus Lesezeichen Nägel mit Köpfen zu machen. Dabei stellt sich heraus, dass Tierschützer überhaupt nicht brummig sind, sondern nett und zuvorkommend.

Bei dieser Gelegenheit erfahre ich auch, dass der Rauhaardackel Moritz wie erwartet saufrech, aber schon vergeben ist. Zum zweiten Mal sogar. Das erste Mal wurde er nach zwei Tagen mit spitzen Fingern wieder zurückgebracht. Aber jetzt passt es.

Ich freue mich für ihn.

Der dreibeinige Wuschel ist ebenfalls weg. Der stand gerade mal zwei Tage auf der Homepage, schon funkte es zwischen ihm und seiner neuen Besitzerin. Was vielleicht auch daran liegen mag, dass sich sein viertes Bein in Wirklichkeit bester Gesundheit erfreut. Wuschel ist nur komisch fotografiert worden.

Genauso komisch wie Pitie, der »wirklich winzig kleine« Sarplaninac.

Der wurde aus steiler Perspektive von oben geknipst, damit bloß keinem auffällt, dass er mit acht Monaten schon achtundsechzig Zentimeter misst.

Dafür haben wir Termine mit Janosch, Flip, Harpo und Kuno.

Wenn man einen Riesenschnauzer zu heiß föhnt, sodass er auf Pudelgröße zusammenschnurrt, sein struppiges Fell mit Seide vertauscht, den Kopf mit dem vorwitzigen Bart und den Knopfaugen aber dranlässt, dann erhält man so etwas Ähnliches wie Janosch.

Janosch ist gebürtiger Ungar. Er hat sich in seiner Budapester Familie dermaßen danebenbenommen, dass ihn die entnervte Mutter gar nicht erst ins Tierheim gebracht oder an die Raststätte geknotet, sondern höchstpersönlich in der Tötungsstation abgegeben hat. Dort wurde er im letzten Moment gerettet und nach Deutschland verbracht.

Nicht faul, hat er in Wuppertal und in Ratingen je eine Pflegefamilie zerrüttet, bevor er wieder im Tierheim landete. Dieser Lebenslauf ist die perfekte Empfehlung für einen Krawallmaushaushalt.

Als wir Janosch entdecken, linst er unschuldig von der Website herunter.

Als wir ins Tierheim kommen, ist er weg!

In diesem Zusammenhang schließen wir zum ersten Mal Bekanntschaft mit den berühmten Tierheimkarteikärtchen. Für jeden, der ernsthaftes Interesse an einem Kandidaten zeigt, wird eine Karte angelegt. Darauf stehen Name, Adresse, Telefonnummer und die Daten aller Besuche. Das Kärtchen steckt im Fach des jeweiligen Hundes. Jeder Pfleger kann sofort sehen, welcher Mensch gerade welchen Hund kennen und lieben lernt.

Kein Hund hat zwei Kärtchen im Fach. So kommen sich die Interessenten nicht ins Gehege, und es ist garantiert, dass der Lieblingshund in der Kennenlernphase nicht plötzlich nach Timbuktu vermittelt wird.

Ein ganz vorzügliches System, das in der Regel nur dann nicht funktioniert, wenn die linke Hand nicht weiß, dass die rechte schon ein Kärtchen ausgestellt hat. In unserem Fall steckt die Linke unser Janoschkärtchen auch nicht ins Janoschfach, wo ihr ein bereits existierendes Janoschkärtchen aufgefallen wäre, sondern versehentlich links daneben ins leere Janafach.

Pech für uns, Glück für Janosch. Wir erfahren, dass Janosch bei einem Kriminalhauptkommissar im Ruhestand, der sich mit schweren Jungs auskennt, bereits ein neues Zuhause gefunden hat. Die irrtümlich uns zugewiesene Jana hilft über diesen Verlust leider nicht hinweg. Sie ist das genaue Gegenteil eines niedlichen, krawallmausverträglichen Kleinhundes.

Bei Jana handelt es sich um einen Kangal, der genau deswegen im Tierheim sitzt, weswegen die meisten Kangals in Tierheimen sitzen: kompromisslose Verteidigung der eigenen Familie gegen unverschämt klingelnde Schornsteinfeger, Erbtanten und Besucherkinder unter Zuhilfenahme von siebzig Kilo Lebendgewicht und einem martialischen Gebiss.

Flip, einen zwanzig Zentimeter niedrigen, quirligen Halbdackel, entdecken wir auf der Notfallwebsite eines befreundeten Krause. Flips junge Besitzerin reagiert allergisch auf den kleinen Kerl. Ein Jahr lang wundert sie sich, warum ihr die Augen tränen. Die Beschwerden verschwinden erst, als sie ins Austauschjahr nach Australien fährt und fliplos den Tag verbringt. Derweil ist Flip bei ihren Eltern gelandet, was denen aber gar nicht gelegen kommt. Sie schnuppern den Duft der großen, weiten Welt. Alle Kinder sind aus dem Haus, jetzt könnten sie endlich unbeschwert reisen, wenn ihre Jüngste ihnen nicht Flip ans Bein gebunden hätte.

Die Mutter hadert noch etwas, immerhin ist Flip zuckersüß. Der Vater jedoch fährt eine völlig klare Linie: Zucker hin oder her, der Knabe muss weg.

Das erste Date mit Flip hat Luna am Jaberg. In diesem Hundeauslaufgebiet zwischen Hilden und Haan sind wir seit Ewigkeiten nicht mehr gewesen. Kurz nach der Pubertät hat Luna beschlossen, dass Begegnungen mit Artgenossen nicht der Traum ihres Lebens sind, sondern das Trauma. Seither machen wir uns in Freilaufzonen rar.

Eine gute Entscheidung, wie das Flip-Date mal wieder beweist. Innerhalb von dreißig Minuten treffen wir fünfzig Hunde. Von diesen fünfzig Hunden sind fünfzig nicht abrufbar.

Nun ist es natürlich in höchstem Maße unfair, den Jaberg mit einem angeleinten Hund zu beglücken. Wer dort Gassi geht, hat einen verträglichen Vierbeiner. Er parkt sein Auto, marschiert zum Eingang, leint sofort ab, läuft einen Kilometer um eine Hundewiese herum und spaziert anschließend durch den Wald. Alle haben sich lieb. Jeder macht, was er will. Jaberghunde nehmen täglich dutzendfach Kontakt mit Artgenossen auf, selbstständig und absolut unbehelligt von ihren Haltern. Abgerufen zu werden ist hier eine Anomalie.

In dieses Idyll nun stratzt die angeleinte Krawallmaus und gibt deutliche Signale, dass sich jeder in Luft auflösen soll, der ihr zu nahe kommt. Worauf alle Halter halbherzig »*Skudo!*« – »*Lisa!*« – »*Marvin!*« – »*Naomi!*« zu rufen beginnen, nur um von Skudo, Lisa, Marvin und Naomi ignoriert zu werden.

Auf Kommando dreht keiner um.

Die Ruten werden erst eingekniffen, wenn Luna allzu heftig keift.

Ich ernte bitterböse Blicke und im Wechsel die Empfehlungen, meinen Hund endlich abzuleinen, eine Hundeschule zu besuchen oder mich zu verpissen. Anschließend begeben sich die Gutmenschen samt Anhang in den Hildener Stadtwald, um ihren Spaziergang fortzusetzen. Dort herrscht seit einem halben Jahr Leinenzwang.

Auswärtige dürfen jetzt dreimal raten, warum.

Genau! Weil die Zahl der Hundebesitzer, die mit frei laufenden, stocktauben Hunden Wild und Wald verunsichern, über die Maßen zugenommen hat.

Wir Hundehalter sind doch selber schuld. Wir laufen mit unseren nicht abrufbaren Hunden direkt an der Salzlecke vorbei und denken, da wird schon keine Ricke stehen. Wenn eine da ist, rufen wir pro forma unseren Hund, wohl wissend, dass er nicht reagieren wird. Anstatt an unseren Hunden zu arbeiten, um aus nicht abrufbaren abrufbare zu machen, montieren wir heimlich die Leinenzwangschilder ab. Wenn das Ordnungsamt uns anspricht, verweisen wir darauf, dass uns kein Schild zum Anleinen ermahnt habe.

Kinder sind selber schuld, wenn sie von unseren Hunden umgerempelt werden. Was tatschen sie auch den Hund an. Vorgartenbesitzer sollen sich nicht so anstellen. Es ist ja nur Urin. Wir herrschen Radler an, sie sollen gefälligst nicht so rasen, sie sähen doch, dass der Hund nicht angeleint ist.

Wir zahlen sieben Euro siebenundsechzig Hundesteuer pro Monat, gebärden uns wie Großsteuerzahler und erwarten, dass die Gemeinde unseren Hunden den roten Teppich ausrollt. Direkt neben einem üppig befüllten Tütenspender liegt ein riesiger Haufen Hundescheiße auf dem Boden. Wir sind selber schuld!

Wir sind selber schuld, dass Fußgängern, Walkern, Joggern, Bikern, Wanderern, Vätern, Müttern, Skateboardern, Mopedfahrern, Anglern, Automobilisten, Förstern, Bürgermeistern und Gemeinderäten langsam, aber sicher der Kragen platzt und sie keinen Bock mehr auf uns und unsere Hunde haben. Ein ignoranteres Pack als uns Hundehalter gibt es kaum.

Ausnahmen? Bestätigen die Regel.

Wenn ich *wir* schreibe, meine ich *wir* und beziehe mich ausdrücklich mit ein. Bis aufs Schilderabmontieren habe ich alles, was da oben steht, in irgendeiner Form auch schon gedacht, gesagt oder getan.

Abgesehen von Skudolisamarvinnaomi läuft das Date mit Flip wunderbar. Luna findet den schmucken Knaben auf Anhieb zum Knutschen, unter anderem, weil er nicht gleich quietscht, wenn man auf ihn tritt.

Ihm geht es ähnlich. Er flattert begeistert um Luna herum wie ein Hubschrauber. Wenn sich ein anderer Hund nähert, bleibt Flip ruhig und wartet, bis die Rüdin sich wieder abgeregt hat. Von ihrer Nervosität und ihrem inneren Aufruhr lässt er sich nicht anstecken.

Das ist genau das, was wir suchen.

Flip ist ideal!

Ich signalisiere den Besitzern sofortige Aufnahmebereitschaft. Sie könnten unbesorgt sein, bei uns habe er es gut, mit Luna vertrage er sich ausgezeichnet, für das Paar heiße das, endlich reisen, und von uns aus könne er gleich einziehen, nein danke, einpacken ist nicht nötig, wir nehmen ihn so.

Die Besitzer bitten sich einen Tag Bedenkzeit aus.

Danach herrscht zwei Wochen Grabesstille.

Dafür ist es im nächsten Tierheim umso lauter. Wenn nachmittags die freiwilligen Helfer kommen und ihre Gassikandidaten abholen, tobt der Bär. Hund, Katze, Maus, die wollen alle gleichzeitig raus. Inmitten des infernalischen Lärms sitzt Harpo und beeindruckt mich zutiefst mit seiner Seelenruhe. Harpo ist ein kniehohes Muskelpaket, schwarz und dunkelgrau gestromt, mit einem annähernd dreieckigen Bumsschädel, den er vermutlich vom Bullterrier hat. Betrachtet man den Körperbau, muss noch irgendetwas Massiveres mitgemischt haben, Pitbull oder Amstaff oder Arnold Schwarzenegger. Der ganze Kerl kommt locker auf sechzig Pfund, überzeugt eher mit innerer Schönheit als mit äußerer und ist laut Zwingerschild ein – wer hätte es gedacht? – Labradormix.

Die Seelenruhe kommt ihm allerdings umgehend abhanden, als er Luna sieht. Getreu dem Machomotto *Frauen meinen Ja, wenn sie Nein sagen* geht er meiner Zicke, ohne zu zögern, an den Hintern. In eindeutiger Absicht! Mit Kennenlerngeschnuffel hat das nichts mehr zu tun.

Luna haut ihm ein paar vor den Latz. Das hilft aber nichts.

Der Mann bleibt dran.

Ich laufe mit dem widerspenstigen Pärchen eine Stunde lang durch den Wald und habe bald so dicke Arme wie zu den Zeiten, als Aiko Gast bei uns war und zusammen mit Luna vor Bauer Fürmanns grünem Tor wütend an der Leine riss. Nur dass Aiko damals seine Sprünge mit hovawartscher Bedächtigkeit absolvierte, während Harpo mit seinen drei eingebauten Terriersorten an der Leine zickzackt wie ein Knallfrosch.

In meinem Kopf summt derweil dreierlei.

Erstens, dass Harpo nie und nimmer der Hund meiner Töchter werden kann. Die gehen mit ihm genauso fliegen wie mit Luna.

Zweitens, dass dieser wunderschöne, hässliche Hund auf immer und ewig im Tierheim festsitzen wird, wenn nicht bald einer auf sein liebes Gemüt aufmerksam wird.

Und drittens: *Moviestar oh Moviestar Ahahaaa!* Hundenamen sind wirklich Glücksache. Wie kann man so einen knackigen Kerl bloß nach einem schwedischen Schmonzettensänger aus den Siebzigern benennen?

Da ich Beagle total klasse finde, aber nie im Leben einen geschenkt haben möchte, ist Kuno von vornherein tabu. Warum er trotzdem als Kandidat Nummer sieben auf unserer Liste landet, ist ganz allein der Geschicklichkeit meiner Brut zu verdanken.

Ich bin erschüttert.

Wer in so jungen Jahren schon so professionell die Alten über den Tisch zieht, wird später mit Sicherheit eine Trickbetrügerkarriere einschlagen. Oder Heiratsschwindler werden. Oder Banker.

»Warum steht da Kuno auf dem Zettel?«, frage ich misstrauisch, als wir nach dem Spaziergang mit Harpo im Garten des Tierheims stehen.

Unschuldiger Lottablick. »Wo denn?«

»Na da! Wir hatten besprochen, dass Kuno nicht infrage kommt. Das ist ein halber Beagle. Niemals Beagle!«

Marie reckt den Hals und linst auf das Papier:

»Da steht doch gar nicht Kuno.«

»Was denn dann?«

»Da steht, ähm, warte mal, da steht Uma«, sagt Max. »Siehste, das ist ein U, kein K. Uma. Sorry, Sauklaue.«

»Ah so. Und wer ist Uma?«

»Anderes Tierheim. Aber guck mal, da drüben.«

Was für ein Zufall aber auch!

Kuno sitzt im selben Tierheim wie Harpo und zwar gleich

da drüben im Außenzwinger und Uma können wir ja am nächsten Tag besuchen und wo wir doch schon mal hier sind und noch ein bisschen Zeit haben und Harpo ist ja viel zu groß und zu kräftig und Papa hier und Papa da und schon stehe ich an Kunos Zwinger und halte ihm meine Hand zum Schnuppern hin und Kuno zieht sich meine Hand mit der Pfote durch die Gitterstäbe und schließt beim Halskraulen die Augen und brummt vor Zufriedenheit und ich bin hin und weg.

Auf der Internetseite des Tierheims sieht Kuno wie ein Beagle aus, der von der Natur versehentlich wie ein Schäferhund lackiert wurde. Das liegt daran, dass auf dem Kunofoto außer Kuno nichts zu sehen ist, was auf seine wahre Größe schließen ließe. In Wirklichkeit wurde da gar nichts lackiert. In Wirklichkeit hat ein Schäferhund seinen Pelz abgelegt, und ein Beagle ist passgenau hineingewachsen.

Kuno ist ein Mordstrumm von einem Beagle.

Ein elefantengroßer Beagleschäferhund.

Mit einer reinrassigen Beaglenase.

Kuno nimmt mich an die Leine, saugt sich mit seinem Rüssel an der erstbesten Fährte fest und schnauft wie eine Dampflok durch den Wald. Durch Luna, die mit Max unterwegs ist, läuft er einfach hindurch. Obschon an der kurzen Leine, genießt Kuno seine Zwingerfreiheit und lässt vor Freude alles hinter sich: Luna, die Kinder, mich, mein Rufen, den lächerlichen Leinenimpuls. Kuno bleibt unerreichbar. Die Duftspur auf dem Boden ist sein Auftrag, Beagle sein Beruf.

Noch nie habe ich einen Hund erlebt, der so sehr mit allen Fasern nach Vollbeschäftigung schreit. Arbeite, schufte, unternimm was mit mir! Vierundzwanzig Stunden am Tag! Sonst wachse ich dir über den Kopf!

Kuno braucht nicht ganz eine Stunde, um jedem von uns klarzumachen, dass er nicht nur eine Nummer zu groß für uns ist, sondern zehn. Schweren Herzens bringe ich ihn zurück. Als er zum Abschied wieder meine Hand durch die Gitterstäbe zieht und beim Kraulen brummt, kommen mir die Tränen. Dieser wunderbare Hund mit seiner triebigen Beaglenase und den Schäferhundmuskelpaketen wird vermutlich auf ewig Tierheiminsasse bleiben.

Im Übrigen wundere ich mich, wie sehr sich Bauch, Herz und Seele schon auf zwei Hunde eingestellt haben. Der Kopf kommt mir ab und zu noch dazwischen. Aber viel hat er nicht mehr zu melden.

🐾

Ein paar Tage später ist Krause auf der Mailbox. Nach zwei Wochen gebe es endlich Neuigkeiten von Flip. Die bisherigen Bewerber hätten alle irgendwelche Mängel gehabt, sodass Flips Besitzer sie guten Gewissens ablehnen konnten. Bei uns passe alles so gut, dass ihnen nun angst und bange werde und sie noch einmal ernsthaft nachgedacht hätten. Wider Erwarten sei nun der Herr des Hauses schwach geworden.

»Flip weggeben? Bloß nicht! Reisen können wir in zehn Jahren immer noch. Zucker hin oder her, der Hund bleibt hier.«

Für Flip ist das sicherlich die beste Entscheidung. Aber erkläre das mal deinen Töchtern, die gerade bei FRESSNAPF vor dem Regal mit den kunterbunten Halsbändern für kleine Hunde stehen.

Hundegulasch in Sakon Nakhon

Ein Schock! Der Inhaber der T-Bar hat gewechselt. Zu unser aller Glück hat er jedoch die rheinländische Schwiegermutter des Vorbesitzers übernommen. Die macht die besten spanischen Tapas der Stadt. Meine geschätzte Toskanarunde trifft sich hier einmal im Monat, um im trauten Fünferkreis das zu erledigen, was Stammtische immer erledigen: alles besser wissen, die dringlichsten Probleme der Welt lösen und unsere alljährliche Erholungsfahrt nach Campiglia d'Orcia planen.

Da wir alle stramm auf die fünfzig zugehen, haben wir die Runde von Dienstag auf Freitag verlegt. In unserem hohen Alter müssen wir am Arbeitsplatz jeden Tag aufs Neue beweisen, dass wir mehr taugen als das jugendliche Nachwuchstalent im Büro nebenan. Das führt zu Vierzehnstundentagen und der gelegentlich auftretenden Paranoia, wir könnten gefeuert werden.

Deshalb retten wir die Welt nicht mehr unter der Woche.

Da müssen wir früh ins Bett.

»Was macht die wahnsinnige Hundehalterwelt?«, sagt Walter und nimmt sich das letzte Ziegenkäsebällchen im Speckmantel.

»Der geht es ausgezeichnet«, sage ich.

»Irgendwelche neuen Erziehungstrends?«, fragt Juppi.

»Vererbte Rudelstellungen«, sage ich.

»Vererbte was?«, fragt Peter.

Die Musik in der T-Bar wird lauter. Ab halb elf erreicht der Alkoholpegel des Gastwirts einen Level, der ihn glauben lässt, er sei trotz eingeschränkter Plattenauswahl und grenzwertigen Musikgeschmacks der DJ des Jahrhunderts.

Wir haben es gerne laut, aber nicht, wenn die Musik scheiße ist.

»Vererbte Rudelstellungen«, sage ich. »Du musst deinen Hund mit sechs anderen zusammentun, dann hast du keine Probleme mehr. Jedem Hund ist seine Stellung im Rudel angeboren. Wenn keine doppelt besetzt ist, läuft alles wie am Schnürchen.«

»Ist das wissenschaftlich erwiesen?«, fragt Ralf.

»Nein«, sage ich. »Das hat jemand beobachtet. Deshalb kloppen die sich im Forum auch, als ginge es um Pearl Harbor. 4700 Beiträge bis jetzt. Die Hunde haben auch alle keine Namen mehr. Die heißen jetzt nur noch V2 oder N3. Das sind vorrangige Bindehunde oder nachrangige Verschlusshunde oder was weiß ich. Und wenn du ein Loch im Rudel hast, sollst du einen Plüschhund von Ikea dazulegen.«

»Wie geht man mit Plüschhunden spazieren?«, fragt Juppi.

»Die kannst du auf ein Skateboard nageln«, sagt Peter.

»Die Diskussion ist jedenfalls zum Niederknien«, sage ich. »Neulich schrieb jemand: *Meine sind einzeln schlafend, weil der NVH mit dem N3 nicht tiefenverknüpft ist.* Schön ist auch, wenn der Mensch seinen fehlenden MBDingsbums selber ersetzen will und knurrend und blockend und fixierend im Rudel rumrennt.«

»Das kannst du prima nutzen, wenn Luna das nächste Mal eine Schlägerei anfängt«, sagt Walter.

»Wie denn?«, frage ich.

»Statt klein beizugeben und die Schuld auf dich zu nehmen, gehst du proaktiv nach vorn«, sagt Walter und zeigt anklagend mit dem Zeigefinger auf Ralf. »Sind Sie eigentlich wahnsinnig? Wie können Sie Ihren N1 einfach so an meinen V3 ranlaufen lassen? Das kann ja nicht gut gehen.«

Die vererbten Rudelstellungen mögen etwas befremdlich klingen. Der Gipfel der Merkwürdigkeiten ist damit aber noch lange nicht erreicht.

Meine Lieblingstheorie setzt bereits im Mutterleib an. Luna habe dort zu lange zwischen zwei Rüden gelegen und zu viel Testosteron abgekommen, dozierte einst ein Krause.

Das finde ich wunderbar. Das erklärt alles und jedes. Ich meine, wer hat schon eine Rüdin? Außerdem passt es hervorragend zu einem Ratschlag, den mir kurz darauf ein mental vollends verstorbener Früherauchhundegehabthaber unterbreitete. Umgehend kürte ich diesen Ratschlag zu meiner Lieblingsmaßnahme und empfehle ihn gerne allen Hundebesitzern, die ebenfalls Probleme mit ihren Krawallmäusen haben: »Wissen Sie, wenn ich mit meiner Rüdin spazieren gehe, führe ich in einer Einwegspritze immer etwas Eigenurin mit. Wenn sie markiert, markiere ich einfach darüber. Rüdinnen brauchen straffe Führung. Sie können das Zeugs auch in eine Wasserpistole füllen. Es gibt heutzutage Pumpguns, die spritzen fünfundzwanzig Meter weit. Mit Ersatzmagazin!«

Spätestens an dieser Stelle sucht der widerwillig Beratene entweder die Notrufnummer der nächsten Psychiatrie oder sein Heil in der Flucht. Worauf meine Rüdin keifend in die Leine springt und seinem Hund unmissverständlich klarmacht, dass das ihr Wald, ihre Luft, ihre miese Laune ist!

Schon treten fünfundzwanzig Krauses kopfschüttelnd hinter den Bäumen hervor und weisen mit anklagender Miene auf meinen leinenzerrenden Hund. Noch nie etwas von Leinenführigkeit gehört, was? Auf meine Frage, wie die am besten zu bewerkstelligen sei, zeigen sie einen bunten Strauß an Therapiemöglichkeiten auf. Wie üblich in Hundeerziehungsfragen herrscht glasklare Einigkeit.

Wenn Ihr Hund an der Leine zieht, dann sollten Sie …

- ❦ … sofort stehen bleiben.
- ❦ … in die entgegengesetzte Richtung laufen.
- ❦ … Schleifen und Achten gehen.
- ❦ … massiv an der Leine rucken.
- ❦ … durch ein Zuppeln einen leichten Leinenimpuls geben.
- ❦ … dem Hund mit einem Ausfallschritt den Raum nehmen und *Ksst* machen.
- ❦ … einen gelben Schlauch werfen und *Kscht* machen.
- ❦ … eine Disc vor den Hund werfen.
- ❦ … eine Klapperdose hinter den Hund werfen.
- ❦ … eine Moxonleine verwenden.
- ❦ … mit einem Halti arbeiten.
- ❦ … das Kommando *Fuß* neu aufbauen.
- ❦ … die Anweisung *Langsam* etablieren.
- ❦ … den Hund sehr, sehr freundlich bitten, das Zerren zu unterlassen.
- ❦ … mit Leckerchen arbeiten.
- ❦ … mit Jokerleckerchen arbeiten.
- ❦ … eine Scheibe Blutwurst in den Mund nehmen und mit dem Kommando *Schau* verknüpfen.
- ❦ … klare Hausregeln einführen, weil er Sie nicht als Chef akzeptiert.
- ❦ … klickern, wenn er nicht an der Leine zieht.
- ❦ … den Hund mit einer einladenden Körperbewegung mit sich führen.
- ❦ … sich frontal vor ihm aufbauen und ihn zurückdrängen.
- ❦ … ein Geschirr statt eines Halsbands verwenden.
- ❦ … ein Halsband statt eines Geschirrs verwenden.
- ❦ … ihn auf gar keinen Fall positiv bestärken.
- ❦ … einfach schneller laufen als Ihr Hund.

In der T-Bar wird die Gesprächsführung schwierig. Der Wirt legt AC/DC auf, eine miserable Live-Version von *Hells Bells*, vermutlich ein sündhaft teures Bootleg. Man hört nichts als Geräusch. Und Glockenschläge! Die Glockenschläge begleitet der Wirt mit begeisterten Kugelschreiberhieben auf den Zapfhahn.

»Ihr denkt doch sowieso über einen Zweithund nach«, schreit Peter. »Vielleicht mutiert Luna ja zum Lamm, wenn ihr einen N3 dazuholt.«

»Ich hätte lieber einen X5«, sagt Juppi und pickt suchend in den Oliven herum. »Oder einen Q7.«

»Wir haben vier Wochen lang kleine Hunde gesucht und besichtigt und sind so schlau wie vorher«, sage ich. »Acht hatten wir uns ursprünglich ausgeguckt. Drei waren schon weg. Der vierte war ein falsch fotografierter Riese. Drei haben wir mit Luna besucht, aber das hat aus vielerlei Gründen nicht gepasst.«

»Und der achte?«, fragt Walter

»Bei dem waren wir vorgestern. Der sitzt in Solingen-Glüder im Tierheim. Ein fliegengewichtiger Nasenflummimix aus St. Widerborst an der Leckmich. Ich hab's aber nicht eilig. Ein Jagdhundmischling kommt mir sowieso nicht ins Haus.«

Allein schon die Beschreibung auf der Tierheimseite ist eine einzige Warnung mit ganz vielen Ausrufezeichen: *Der einjährige Wickie ist wie sein Namensgeber, der kleine Wikinger, ein sehr aufgewecktes Kerlchen und hat auch immer neue Ideen. Wie junge Hunde nun mal so sind, muss er noch sehr viel für sein weiteres Leben lernen. Er versteht sich mit Katzen und auch mit so ziemlich jedem anderen Hund. Wickie ist in einer Familie mit Kindern*

aufgewachsen, allerdings sollten diese nicht allzu klein sein, da er noch sehr übermütig ist und es dort eventuell gelegentlich zu Missverständnissen kommen könnte.

Verbindlichsten Dank. Auf gelegentliche Missverständnisse mit einem pubertierenden jagdtriebigen Münsterländerjackrussellmischling kann ich gut verzichten.

Marie, Luna und ich fahren trotzdem hin.

Das Tierheim in Solingen-Glüder liegt unweit der Wupper idyllisch im Wald. Da gerade ein neues Hundehaus gebaut wird, wetteifern Insassen und Bagger, wer den lautesten Krach macht. Auf meinen Hinweis, dass ein Zweithund in unserem Haushalt nicht gleich quieken sollte, wenn die Rüdin ihn umrempelt, bemerkt die freundliche Pflegerin Frau Hagedorn nur trocken, da wären wir hier aber so was von richtig.

Aus dem Zwinger guckt mich ein vergnügter, frecher Sack an, der JETZT UNBEDINGT WAS UNTERNEHMEN WILL, EGAL WAS!!! Während die Pflegerin die Tür öffnet, verliert der Hibbel vor lauter Unternehmungslust größere Mengen an Wasser. Ich knie mich auf den Boden. Wickie stürzt sich distanzlos auf meinen Schoß und will gekrault werden.

Frau Hagedorn schlägt vor, dass sich Rüdin und Rüde am besten selber miteinander bekannt machen. Wickie sei ein freundlicher, hartgesottener Bursche, der sich zu benehmen wisse. Direkt neben dem Haupthaus befinde sich ein großes, eingezäuntes Areal. Das sei ideal.

Ich führe Luna in den Freilauf und leine sie ab. Marie und ich setzen uns auf die Bank, die mitten auf der Wiese unter einem Baum steht, und fragen uns neugierig, was wohl gleich passieren wird. Die Pflegerin bringt Wickie an die Tür und klickt den Karabiner am Halsband auf. Todesmutig betritt der kleine Hund den Raubtierkäfig und pinkelt erst mal an den nächsten Zaunpfosten. Luna hat er noch gar nicht bemerkt. Die schnüffelt hinten bei der Wippe.

Boing!

Plötzlich geht seine Rute steil nach oben, die weiße Spitze vibriert. Ist da etwa eine Frau in der Nähe? Breitbrüstig stolziert er auf Luna zu. Die hat ihn ebenfalls entdeckt. Allerdings erheben sich bei ihr keine Extremitäten, sondern die Nackenhaare. Madame zeigt einmal mehr ihre fürstliche Bürste. Wickie lässt sich davon in keiner Weise beeindrucken und stürmt fröhlich auf sie zu. Luna nimmt Maß, setzt sich explosionsartig in Bewegung und kegelt ihn fünf Meter durch den Dreck. Der schwarzweiße Held überschlägt sich zweimal und landet gekonnt auf seinen vier Pfoten. Was jetzt? Marie und ich sind gespannt wie die Flitzebögen.

Wickie schüttelt sich den Staub aus dem Fell, guckt begeistert zu Luna und sieht aus, als wolle er sagen: JAAA! DAS WAR SUPER! NOCH MAL!

Dann stürzt er sich von Neuem auf die Rüdin. Die lässt ihn mit einer eleganten Körperdrehung ins Leere laufen, rast ihm hinterher und versucht, seine Schwanzspitze zu erwischen. Als er ihren heißen Atem und das Zähneklackern im Nacken spürt, macht er eine Vollbremsung, dreht um und springt frontal in sie hinein. Das ist der Auftakt zu anderthalb Stunden Toben, Balgen, Jagen, Hetzen, Springen, Bellen, Kugeln, Hüpfen, Klammern, Wälzen, Schütteln, Fauchen, Pfotenbeißen, Maulringen und Schwanzkneifen. Zwischendurch liegen die beiden mit meterlangen rosa Zungen einträchtig nebeneinander im Schatten und blinzeln.

»Die haben sich lieb«, sagt Marie nur.

Am nächsten Tag erscheine ich alleine mit Luna zu einem weiteren Besuch. Es wird unser erster Spaziergang zu dritt. Da ich mich schriftlich verpflichtet habe, den Wikinger nicht abzuleinen, binde ich ihn mir an der Fünfmeterleine an die Hose. Luna läuft voraus, dreht aber ganz oft um und trabt um ihn herum. Balgen auf den Waldwegen ist nur bedingt möglich. Stattdessen besinnt sie sich auf ihre weiblichen Reize. Nur um ihn zu ärgern, wedelt sie in sechs Metern Entfernung mit ihrem Hintern. Monsieur sabbert und kommt nicht ran. Besser gesagt: das erste Mal schon, weil er mich trotz seiner siebzehn Kilo mit Schwung von den Füßen holt. Danach bin ich vorbereitet.

Der Münsterländeranteil zieht wie eine Wildsau, sobald er eine Fährte aufnimmt. Die Jackrussellhälfte hopst wie ein Flummi und holt sich Leckerchen grundsätzlich zwei Meter über Normalnull ab. Wir kreisen anderthalb Stunden durch den Solinger Wald und kommen fünfhundert Meter weit.

Während sich die beiden anschließend im Freilauf gegenseitig durch den Dreck ziehen, sitze ich nachdenklich auf der Bank. Im Grunde weiß ich, was ich wissen muss. Der Hund ist klein, zäh, niedlich, das ideale Gegenüber für Luna und – eine einzige Baustelle auf vier Pfoten.

Wir sagen Wickie und Frau Hagedorn Tschüss. Luna springt in den VW-Bus. Ich entdecke einen kleinen Blutstropfen auf ihrer Decke. Luna ist läufig!

»So war das mit Wickie«, sage ich.

»Passt doch perfekt«, sagt Walter.

»Eigentlich schon«, sage ich. »Aber den nehmen wir nicht. Ich fürchte, da käme ein echtes Pfund Arbeit auf uns zu. Wir haben mit Luna genug zu tun. Was, wenn die sich gegenseitig anstecken?«

»In Sakon Nakhon machen sie angeblich das beste Hundegulasch der Welt«, sagt Juppi mit vollem Mund.

»Wo liegt denn das?«, will Peter wissen.

»In Thailand«, sagt Ralf und mustert misstrauisch ein kross gebratenes, maurisches Fleischspießchen.

»So weit müssen wir gar nicht reisen«, sagt Walter. »Wenn die zwei Mist bauen, kommen sie schon in der Toskana in die Suppe.«

Angesichts der eventuell zu erwartenden Kombination aus Krawallmaus und Radaurassel tut es gut, Freunde zu haben, die sich meinen Kopf zerbrechen. Wir diskutieren noch ein bisschen weiter. Dann schreien wir mit vereinten Kräften durch eine massive Lärmwand hindurch – Motörhead *Ace of Spades* – nach dem Wirt.

Zahlen!

»In die Suppe! Ihr spinnt ja wohl!«

Meine Kinder sind empört.

Marie hat am Vortag eine haargenaue Darstellung des ersten Zusammentreffens von Luna und Wickie abgeliefert. Seither sind alle überzeugt, den idealen Achthund gefunden zu haben.

Meine Einwände zerschellen an einer undurchdringlichen Mauer aus Liebreiz und hartnäckigem Trotz.

Immerhin sei ich mit den beiden unterwegs gewesen und sonst keiner, lamentiere ich. Die Große zicke alles an, was vier Beine habe, und der Kleine ziehe an der Leine, und nein, so schnell lege sich das nicht, dagegen sprächen schon das Temperament des Hundes und meine mangelnden Führungsqualitäten. Außerdem sähe ich bereits den nächsten Krausemarathon vor mir. Allein schon die Vorstellung lasse mich erschauern. Wenn mich Wickie durch die Pampa ziehe, sage der eine Krause wieder, ich solle sofort stehen bleiben, und der andere, ich solle in die entgegengesetzte Richtung laufen, und der dritte, ich solle Schleifen und Achten gehen, und der vierte …

»Jajaja,« unterbricht mich Stella. »Das wird schon werden.«

»Du kriegst das hin«, sagt Marie.

»Auf jeden Fall«, sagt Max.

Da meine Familie offensichtlich wieder zu wissen scheint, was das Beste für mich ist, setze ich mich unmissverständlich durch.

»Wickie? Niemals!!!«, röhre ich. »Ich will keinen Münsterländer Vorstehhund. Ich will keinen Jack Russell Terrier. Ich will keinen zwölf Monate alten pubertierenden Rüpel. Und schon gar nicht will ich alle drei zusammen in einem Modell! Kategorisches Nein-Basta-Ende-Aus!«

»Wer ist dafür?«, fragt Lotta unbeeindruckt.

Vier Hände gehen hoch.

W wie Wildsau

Nachdem Luna beim ersten Kennenlernen beschließt, auf der Stelle läufig zu werden – ich hätte wetten können, sie wäre erst viel später so weit –, lassen wir die Vernunft regieren. Ich bin doch nicht des Wahnsinns fette Beute und hole uns ausgerechnet in der krawallmausschen Standhitze einen Rüden wie diesen ins Haus! Sollte er tatsächlich einziehen, dann zum Wohle aller erst nach Lunas Läufigkeit.

Solange Madame empfängt, bleibt Monsieur im Heim!
Dass Wickie einen Narren an Luna gefressen hat, verwundert nicht weiter. Luna verströmt puren Sex. Wickie ist auf den Tag genau zwölf Monate alt, beherrscht also sein Hormonmanagement nur unzulänglich. Vor lauter Erregung würde der vermutlich jeden einzelnen Eichenbalken im Wohnzimmer markieren.

»Dann müssen wir eben täglich ins Tierheim fahren und dort mit ihm spazieren gehen«, sagt Stella.

»Ja klar«, sage ich. »Auf so alberne Tätigkeiten wie Geldverdienen, Einkaufen oder Essenszubereitung kann man ja mal drei Wochen verzichten.«

»Übertreib nicht!«, sagt Stella. »Es sind ja nur fünfundvierzig Minuten Fahrt bis nach Glüder.«

»Wer ist eigentlich wir?«, frage ich misstrauisch.

»Du!«, sagt Stella. »Die Kinder haben Schule.«

»Ich?«

»Ja.«

»Einundzwanzig Tage lang?«

»Einundzwanzig Tage lang!«

Es hätte den Vorteil, dass wir nach mehreren Ausflügen und einem Probewochenende wüssten, wie friedlich und souverän der kleine Charmeur auf Hunde, Radler, Jogger, Pferde, Kinder, Katzen, Reiter, Walker, Briefträger, Zaungäste und Lunas Zickenanfälle reagiert. Danach müssten wir nur noch entscheiden, ob wir die der Münsterländerhälfte innewohnende Jagdtriebigkeit in Kauf nehmen wollen.

»Also gut, ich mach's.«

1. Tag | Samstag

Wickie besucht zum ersten Mal Lunas Revier. Ich parke den Bulli auf unserem Hof und öffne Gartentür, Terrassentür und

Kofferraumklappe – in genau dieser Reihenfolge. Eine schwarzweiße Kugel schießt heraus und fegt einmal komplett durch das ganze Haus, als gehöre es ihr. Dieser Hund hat keinerlei Berührungsängste und offensichtlich auch keinen Respekt vor dem Hab und Gut anderer Leute.

Irgendwie fühle ich mich belästigt.

Luna findet es toll.

2. Tag | Sonntag

Auf einer weiten Runde durch den Hildener Stadtwald notiert der Oberaufsichthabende: Der Kandidat hat keine nennenswerten Probleme mit Hunden, Pferden, Walkern, Radlern und Joggern. Des Weiteren bleibt er freundlich, wenn Luna angesichts entgegenkommender Artgenossen die Nerven verliert.

Die Münsterländerhälfte bricht an der Schleppleine aus und zickzackt eine Hasenspur entlang. Die Terrierhälfte dreht nach fünf Metern von selber um, weil sie sofort begriffen hat, dass die Leine zu Ende ist.

Bauch trifft Kopf!

3. Tag | Montag

Nach dem ersten Probewochenende kann ich mir tatsächlich vorstellen, die eventuelle Jagdtriebigkeit in Kauf zu nehmen. Vielleicht schlägt er aus der Art und jagt nicht? Das soll es geben!

Es macht große Freude, die beiden beim Balgen zu beobachten. Von Wickie kommt kein einziges Quieken, wenn vierzig Kilo Luna mit Kawumm auf ihn hüpfen, sondern nur ein begeistertes *Jaa, gib's mir!* Luna lässt ihm sehr viel durchgehen. Nur wenn er fauchend an ihrem Hals nagt, gibt es einen Einlauf.

Allerdings einen freundlichen.

Nach unseren Spaziergängen fällt es mir zunehmend schwerer, Wickie abends wieder im Tierheim abzugeben. Der kleine Kerl wächst mir ans Herz.

Wickie sieht das pragmatischer. Sobald wir auf den Hof biegen und er seine Frau Hagedorn mit dem Futternapf sieht, guckt er mich mit dem Arsch nicht mehr an.

Treulose Tomate!

4. Tag | Dienstag

Als ich ins Tierheim komme, ist Wickie nicht mehr da!

Frau Hagedorn muss ihn suchen. Sie bleibt lange weg.

Bevor ich Schnappatmung kriege, stellt sich heraus, dass er nur versetzt worden ist. Er bewohnt jetzt den Zwinger neben Bronco. Als er mich sieht, freut er sich wie Bolle und macht aus lauter Übermut einen mächtig dicken belgischen Schäferhund an. Frau Hagedorn meint nur trocken, er habe heute wohl in der Kaba-Dose übernachtet, Kaba mache groß und stark.

Als wir zu zweit auf dem Bänkchen vor dem Büro sitzen, schleicht eine Katze auf Wickie zu. Er lässt sie bis auf zehn Zentimeter herankommen. Sie zeigt ihm die Krallen. Wickie beobachtet sie neugierig und macht keinerlei Anstalten, in den Jagdmodus zu wechseln.

War wohl doch kein Kaba.

5. Tag | Mittwoch

An der linken, vorderen Ecke des Freilaufs befindet sich ein Budelloch, das normalerweise von einem Sonnenschirmständer aus Beton verdeckt wird. Heute ist der Ständer verschwunden.

Wickie kriegt das spitz, wühlt sich blitzschnell unter dem Zaun durch und will stiften gehen. Frau Hagedorn fängt ihn ein und bringt ihn zappelnd zu Luna zurück.

Am Abend schreibe ich eine E-Mail an Elmar, in dessen Rudel sich eine Jackrussellmünsterländerin namens Lotte befindet. Die Antwort lässt nicht lange auf sich warten: »Bis zum Alter von zweieinhalb Jahren hättest du nicht mit mir tauschen mögen! Gedanklich haben meine Frau und ich Lotte mehrfach pro Tag an die Wand geklatscht, nachts hat sie dann aber doch immer im Bett geschlafen. Dieses absolute Energiebündel hat von morgens bis abends nichts als Unsinn im Kopf und ist letztendlich unser teuerster Hund. Dieser Blick … einfach magisch! Vor allem, wenn er dich aus einem zwanzig Zentimeter tiefen Loch trifft, das der Hund in den letzten zwei Stunden fein säuberlich in deine Couch genagt und gebuddelt hat, und jede Menge Polsterwatte und nach Farben sortierte Garnfäden in der Stube liegen.«

Ich weiß nicht recht, ob es das ist, was ich lesen wollte.

6. Tag | Donnerstag

Wir holen Wickie schneeweiß ab und geben ihn anderthalb Stunden später, wenn Wald, Luna, Schlamm und Beißwurst mit ihm fertig sind, matschbraun zurück. Wickie ist ein fröhlicher Hund, der sich schnell mit neuen Gegebenheiten arrangiert. Er findet immer etwas, worauf er sich freuen kann, auch im Tierheim. Klappert Frau Hagedorn mit dem Napf, bin ich abgemeldet.

Nur heute nicht. Heute stürmt er nicht wie ein Taifun zu seiner Frau Hagedorn, sondern dreht sich in der Tür um und sieht mir zum Abschied nach.

7. Tag | Freitag

Mit einem halben Münsterländer durch den Wald zu marschieren, ist praktisch. Immer, wenn Wickie Wild wittert, bleibt er stehen und hebt die Pfote. Dann weiß ich, dass ich Luna anleinen muss.

Hallo, Hase!

Tschüss, Hase!

Luna hat deswegen einen ziemlichen Hals. Sie findet, sie brauche dieses quirlige Frühwarnsystem so dringend wie ein Loch im Kopf.

8. Tag | Samstag

Dank sturzbächiger Regenschauer artet unsere Schleppleinenakrobatik in eine Riesensauerei aus. Im Forum warnt der Hundefühler in einer grammatikalisch fragwürdigen, aber dafür umso fulminanteren Brandrede vor dem Schleppleinengebrauch und empfiehlt, das »Augenblick-Spaziergangs-Verhalten GLEICH MAL SOFORT UND SAUBER an einer Flexileine zu lenken«.

Der Mann hat keine Ahnung! Wir drei sehen aus wie die Schlammschweine und sind glücklich wie Bratwurst.

Abends bringen wir Wickie ins Tierheim zurück und erfahren, dass es noch andere Interessenten gibt. Die wollen ihn morgen früh um zehn zu einem Probespaziergang abholen.

Es gibt ein zweites Karteikärtchen???

Mir rutscht das Herz in die Hose.

Bevor ich tief Luft holen kann, nimmt mich Frau Hagedorn verschwörerisch beiseite und schlägt vor, den Knaben zu entführen. Ich solle Wickie morgen früh bereits um neun Uhr abholen, sie kläre das Missverständnis im Laufe des Tages, irgendetwas sei schiefgelaufen, wenn die linke Hand nicht wisse, was die rechte tut, man kenne das ja, und tschüss bis morgen und bloß pünktlich sein, sonst ...

9. Tag | Sonntag

Ich stehe um halb neun vor der Tierheimtür. Frau Hagedorn holt Wickie aus dem Zwinger. Er flutscht ihr zwischen den Fingern hindurch, rast über die Wiese und hopst direkt in meine Arme. Mit rauchenden Reifen fegen wir vom Hof.

Zu Hause pieselt er sämtliche Balken unserer Küche an. Habe ich es nicht gesagt? Die zunehmend heißere Hündin im Haus bringt sein jugendliches Hormonmanagement völlig durcheinander. Er kann nicht an sich halten.

Frau Hagedorn ruft an.

Leider noch nichts Neues.

Allerdings seien die Zweitkärtchenbesitzer stinksauer.

10. Tag | Montag

Was ist mit unserer Omi los? Normalerweise eine Sagrotanspray mit sich führende Anhängerin der kompromisslosen Hygiene, lässt sie Wickie die Sahneschüssel ausschlecken. Der macht dabei ein perfektes Männchen.

Frau Hagedorn kann noch nichts Genaues sagen.

Ein einziges Tohuwabohu.

11. Tag | Dienstag

Wenn Wickie uns morgens begrüßt, klingt er wie Heiserchen Mahoney. Vom vielen Bellen im Zwinger ist seine Stimme weg. Wenn er mal still ist, kloppt er sich mit Nachbar Bronco durch das Drahtgitter und trägt prompt den ein oder anderen Schmiss davon.

Die Pfleger im Tierheim kümmern sich rührend um die Tiere. Abends gibt es von Frau Hagedorn für jeden ein Betthupferl. Trotzdem: Wickie muss da raus. Unbedingt!

Frau Hagedorn teilt mir mit, dass übermorgen ein Gespräch mit Wickies Zweitkärtchenbesitzer angesetzt sei. Ich sei aber nach wie vor der Einzige, der ihn ausführen dürfe, dafür sorge sie.

12. Tag | Mittwoch

Wenn ich mich hinsetze und Wickie die Kletten aus den Ohren zupfe – mein Gott, was es im Wald alles gibt –, wird der kleine Hibbel auf einmal ganz ruhig und schmiegt sich minutenlang an mein Bein.

Noch neun Tage.

13. Tag | Donnerstag

Ein vorerst letzter Besuch bei uns zu Hause. Beide benehmen sich ganz ausgezeichnet. Nur sollte man sie nicht ins Separee lassen. Noch beißt Luna die Kerle weg. Aber sie ist jetzt in einem Stadium, wo das von einer Minute auf die andere kippen kann. Wo eben noch eine spröde Diva lag, wartet plötzlich Sexy Hexy auf den Mann ihrer Träume.

Wenn Luna genug von dem Quirl hat, geht sie nach oben ins Büro und legt sich hin. Wickie sieht sich derweil in jedem Stockwerk des Hauses um, ob irgendwo eine warme oder kalte Mahlzeit zu finden ist. Er entdeckt eine leere Mehlpackung und frisst sie auf.

Frau Hagedorn ruft an.
Alles sei geregelt.
Es gebe jetzt nur noch eine einzige Karteikarte.
Unsere!

14. Tag | Freitag

Wickie?! Der Name geht gar nicht. Den hat er vom Verpaarer bekommen. Zwei Tage vor seiner Geburt startete *Wickie und die starken Männer* in den Kinos.

Nach einem kurzen Blick in Wikipedia streiche ich das c und das e aus seinem Namen. Jetzt passt es. Wiki heißt auf Hawaiisch *schnell*.

Dummerweise denkt jeder, der Wiki hört, weder an Hawaii noch an Wikinger, sondern an Vicky und ist überrascht, nicht die primären Geschlechtsmerkmale einer Victoria vorzufinden, sondern einen Pillermann.

Gott sei Dank sind unsere Kinder aus dem Alter heraus, wo man beknackte Namen wie Wiki als Steilvorlage nutzt, das W gegen ein F austauscht und die Neuschöpfung quer durch den Garten brüllt, damit auch die prüde Nachbarschaft etwas davon hat.

Noch sieben Tage.

15. Tag | Samstag

Luna steht! Wiki will nur noch poppen. Ich ziehe den Galan mehrmals am Kragen vom Weibe. Ihn ficht das nicht an. Er bleibt am Ball. In Ansätzen wird mir klar, warum man damals den attackierenden Berti Vogts im Sechzehner *Terrier* nannte. Noch sechs Tage.

16. Tag | Sonntag
Madame zimpert beim Spazierengehen herum. Ah, die Leine ist um meine Beine gewickelt, hu, ich kann nicht mehr weiterlaufen, hach, der belästigt mich, huch, das Halsband ist so laut, seufz, ich kann nicht gehen, wenn ich »stehe«.

In den Seufzpausen nimmt Monsieur alle fünfzig Meter einen neuen Anlauf und will aufsitzen. Luna – samten, weich und weiblich – quittiert diese Versuche mit eiserner Standfestigkeit und beiseitegebogener Rute.

17. Tag | Montag
Normalerweise rennt Luna auf das Kommando *Lauf* fröhlich bis Timbuktu. Im Moment nicht. Ich rufe *Lauf* und ernte einen vernichtenden Blick.

Wie jetzt, *Lauf*?

Ich stehe doch, du Otto!

Bleibt mir nichts anderes übrig, als das zappelige Terriermünstigemisch am Kragen zu packen und von der Dame zu ziehen.

MANN, DER IST GERADE MAL ZWÖLF MONATE ALT!

In dem Alter hat unsereiner noch geschnullert!

18. Tag | Dienstag
Ein sonniger Septembertag. Der Wald duftet. Das läufige Lunchen ist an einem Baum angeleint, Wiki W. Wildsau rangelt mit mir um die Beißwurst. Nach fünf Minuten lasse ich ihn gewinnen. Er spuckt sofort die Beißwurst aus und stürzt sich von hinten auf die Frau. Es sieht nach *Ha, dich nehme ich jetzt auch noch!* aus.

Ich pflücke ihn herunter und nehme mir vor, ihn nur noch jedes zehnte Mal gewinnen zu lassen. Ein bisschen weniger Machotum kann nicht schaden.

Noch drei Tage.

19. Tag | Mittwoch

Wiki heißt auf Hawaiisch *schnell* und auf Deutsch: So schnell kannst du gar nicht gucken, wie dieser Saubatz auf wohlriechende Mädels hupft. Die hawaiische Steigerungsform von *wiki* lautet *wiki-wiki* – ganz schnell. Wenn man *wiki-wiki* sagt, wird er noch schneller. Aber Schnellerwerden ist nicht unser Problem. Im Gegenteil. Wir müssen ganz schnell einstudieren, wie man ihn ausbremst.

Vielleicht mit einem mahnenden *Victooor*?

Wildes Blättern im Doppelhund-Führer von Petra Führmann und Iris Franzke offenbart, dass wir bis jetzt eine Menge richtig gemacht haben. Erste Begegnungen auf neutralem Boden haben genauso stattgefunden wie behutsame Annäherungen auf dem Terrain des jeweils anderen.

Der Buchtitel stimmt auch: *Zwei Hunde, doppelte Freude.*

Ein Gewährsmann teilt mir mit, er bezweifle, dass es auf Hawaii überhaupt ein Wort für *schnell* gebe. Die lebten da so was von entspannt im Hier und Jetzt.

Auf einem langen Spaziergang durch den Wald bei Solingen-Burg zeigen die beiden nurmehr marginales Interesse aneinander. Wiki schnuppert gelegentlich an Lunas Poppes, wirkt im Großen und Ganzen aber tiefenentspannt. Luna kraust die Nase und faucht ihn an. Die Hitze ist vorbei. Auf dieser Runde überzeugen sie mich, dass die Liebesglut so weit abgekühlt ist, dass beide ein gemeinsames Heim beziehen können.

Außerdem wäre es heute das neunzehnte Mal, dass ich Wiki abends wieder abgebe und ohne ihn nach Hause fahre. Ich halte das einfach nicht mehr aus. Kurz entschlossen packe ich Luna und Wiki in den Bulli und verabschiede mich von Frau Hagedorn.

Um 19:10 öffne ich unserem neuen Familienmitglied die Haustür.

Um 19.11 hopst er auf Luna.

Von wegen tiefenentspannt.

20. Tag | Donnerstag
Läufigkeit noch nicht abgeklungen.
   Spiele vierundzwanzig Stunden lang Verhüterli.

21. Tag | Freitag
Läufigkeit noch nicht abgeklungen.
   Spiele vierundzwanzig Stunden lang Verhüterli.

22. Tag | Samstag
Läufigkeit noch nicht abgeklungen.
   Spiele vierundzwanzig Stunden lang Verhüterli.

23. Tag | Sonntag
Läufigkeit vorbei. Endlich Ruhe.
   Willkommen zu Hause, kleiner Wiki.
   Ich bin schon jetzt völlig fertig.

Der *Schnuffelwuffel*-Krieg

»*Wiki ist neu*«, *wiegle ich ab.*
»*Der will dich halt kennenlernen.*«
»*Indem er meine Klamotten ruiniert, oder was!?*«

Chez Lune

Ein Wake-up-Light ist eine tolle Sache. Es weckt mit Sonnenaufgangssimulation und Vogelgezwitscher. Damit es ordnungsgemäß funktionieren kann, muss eine Mindestvoraussetzung erfüllt sein: Die zu Weckenden sollten schlafen.

Das tun sie an diesem Sonntagmorgen aber nicht.

Auf der Digitalanzeige schimmert 03:39.

»Dieses Knarzen macht mich rasend!«, sagt Stella.

Ihre Stimme ist glasklar. Das lässt darauf schließen, dass sie nicht erst sein 03:38 wach ist.

»Mich auch«, sage ich. »Und das, wo ich von den letzten zwei Tagen sowieso noch total erledigt bin.«

»Selber schuld.«

»Wieso?«

»Du hättest ihn halt nicht so früh hierherbringen dürfen.«

»Ich bin achtzehn Tage lang mit der Knackwurst in Solingen spazieren gegangen und habe ihn danach jedes Mal wieder im Tierheim abgegeben.«

»Zwei Tage länger hätten den Kohl nicht fett gemacht.«

»Zuletzt hat er mich richtig traurig angesehen. Das hält doch kein Mensch aus.«

»Traurig? Der? Wenn seine Frau Hagedorn mit dem Napf winkt?«

»Ja, traurig! Der! Wenn seine Frau Hagedorn mit dem Napf winkt!«

»Firlefanz«, sagt Stella und schnappt sich einen Kriminalroman vom Nachttisch.

Auf dem Umschlag steht *Erbarmen*.

Hinten in der Ecke liegt Luna in einem Körbchen mit der Aufschrift *Schnuffelwuffel* und knurrt im Schlaf. Neben ihr rutscht Wiki zum wiederholten Mal knarzend von seinem *Fatboy*-Kissen, klettert knarzend wieder hoch, dreht sich knarzend im Kreis und lässt sich knarzend plumpsen.

»Erbarmen!«, ächze ich.

Es ist natürlich angenehmer zu behaupten, die beiden hätten mich verarscht, als zuzugeben, dass ich nach fünf Jahren immer noch keine Ahnung von Hunden habe. Oder zumindest ihr Verhalten nicht richtig lesen kann. Oder es zwar lesen kann, aber mit der Sehkraft eines Maulwurfs.

Was weiß denn ich!

Tatsache ist jedenfalls, dass die beiden am achtzehnten Tag unserer Solinger Spaziergänge einigermaßen vernünftig nebeneinander hertrotten. Zumindest tun sie so, als wäre Sex nun wirklich das Allerletzte, was ihnen in den Sinn käme. Sie wirken schon beinahe klösterlich.

Der Unterschied zu der Woche davor ist eklatant. Da war es noch der reine Leistungssport. Zwei Stunden lang den Terrier von der Schäferhündin ziehen und sich hinterher mit einem Muskelkater in Armen und Brust herumquälen, als hätte man nach einjähriger Fitnesspause am Butterfly zu viel Gewicht aufgelegt. Die Schulter schmerzt ebenfalls.

Ich habe nicht Rücken oder Hüfte, ich habe Hund.

Am achtzehnten Tag scheint das Thema erledigt zu sein. Die beiden schnüffeln völlig entspannt durch den Wald. Jeder geht seinen eigenen Interessen nach. Kreuzen sich ihre Wege und Wiki nimmt aus Versehen eine Überdosis Lunaduft zu sich, verliert er kurz die Nerven und bedrängt sie. Das passiert aber nur zweimal. Außerdem zeigt Luna dem Bürschchen ihre stattlichen Hauer und schnappt grollend nach ihm wie in den guten, kalten Tagen. Ich schaue beiden tief ins braune Auge und fordere mit erhobenem Zeigefinger Wohlverhalten.

Beide blicken diskret beiseite. Es könnte klappen.

Eine meiner grandiosesten Fehleinschätzungen.

Wir sagen Frau Hagedorn Tschüss und machen uns im Bulli auf den Heimweg. Luna liegt brummend im Kofferraum, Wiki döst in der Hundebox. Das keusche Idyll hält genau so lange, bis zu Hause die Haustür aufgeht. Beide rasen ins Haus, suchen sich ein ruhiges Plätzchen, die Dame biegt die Rute beiseite, der Herr nimmt die Einladung an.

Nicht zu glauben! Am Ende der Läufigkeit hängt Luna tatsächlich wieder die rote Laterne raus.

Chez Lune!

Das Etablissement für den verwöhnten, selbstbewussten Herrn.

Ich fahre dazwischen wie der Leibhaftige und behalte diese Tätigkeit die nächsten beiden Tage bei. Ein Kondom in Menschengestalt!

Offensichtlich wirbeln intakte Rüden den Hormonhaushalt von Hündinnen ordentlich durcheinander. Da die zwei weder durch vernünftige Gespräche noch durch panisches Geschrei von ihren Absichten abzubringen sind, bringe ich dem Rüden in archaischer Form bei, dass er die Hosen geschlossen zu halten hat. Mit Körpereinsatz, so wie es die Konkurrenz auch macht: dazwischengehen, abdrehen, abdrängen, wegheben.

Abends in der Küche kommt es zum Showdown: ich mit Handtuch gegen Terrier mit Gebiss. Wiki und ich jagen uns durch die Küche, ich mit dem Ziel, Lunas Jungfräulichkeit zu bewahren, er in genau gegenteiliger Absicht. Meine Güte, ist der schnell. Nach drei Runden um den Tisch auf krummen Terrierbeinchen dreht er plötzlich in der Luft um und schnappt sich mein Handtuch. Während er am einen Ende zerrt und ich am anderen, bemerke ich zum ersten Mal, dass ihm ein silberner Rallyestreifen auf der Nase wächst. Auch das noch! Damit macht er in der Spitze wahrscheinlich hundertfünfzig Sachen.

Wiki knurrt dramatisch ins Handtuch, schüttelt es und will ihm das Genick brechen. Ich hebe ihn unbeeindruckt hoch und trage ihn aus der Küche. Über der Schwelle lässt er sich fallen und hetzt von Neuem hinter der Braut her.

Ich nehme die Verfolgung wieder auf.

»Ich fühle mich vierzig Jahre jünger. Damals im Singener Aachbad hieß es: wir gegen die Bommelbande. Die Waffen waren nasse Handtücher, entweder zu Peitschen gerollt oder zu Morgensternen verknotet. Wir rasten um die Schwimmbecken und fügten uns rote Striemen zu.«

»Siehst du«, sagt Stella und klappt *Erbarmen* zu. »Es hat eben alles sein Gutes. Außerdem hat es nur zwei Tage gedauert, und seit gestern ist alles wieder normal.«

»Ich bin müde«, sage ich. »Und ich habe kein Gramm abgenommen bei der Hetzerei. Zu Bommelbandenzeiten war ich gertenschlank.«

Die Uhr zeigt 04:10.

»Wiki knarzt nicht mehr«, sagt Stella und knipst das Licht aus. »Das ist unsere Chance.«

»Wahrscheinlich ist er vor Erschöpfung ins Koma gefallen.«

»Das solltest du auch«, murmelt Stella.

Bin ich in einem Film? Wenn ja, dann in einer Serie. Und zwar in einer schlechten. Die Serie heißt *Rüde trifft Rüdin* – man könnte auch sagen *Pubertierender Jungrüpel prallt auf reife Krawallmaus* – und verspricht jede Menge Fortsetzungen.

Am ersten Wikitag krieche ich in den Keller und reaktiviere das ausgemusterte *Schnuffelwuffel* unserer Hündin. Wiki soll ein Körbchen bekommen, das bereits lecker und vertraut nach Hund riecht.

Schnuffelwuffel ist übrigens kein Körbchenkosename, der von infantilen Hundehaltern im Falsett durch die Gegend gequiekt wird: »Ja wo isser denn? Isser brav im Schnuffelwuffel und schnuffelwuffelt?«

Nein, das *Schnuffelwuffel* heißt tatsächlich so. Innen weicher Schaumstoff, außen roter Cordsamt, vorne drauf das *Schnuffelwuffel*-Logo. Es hat im Keller etwas die Form verloren, sieht aber im Großen und Ganzen noch passabel aus.

Das *Schnuffelwuffel* liegt jetzt in der Schlafzimmerecke direkt neben Lunas *Fatboy*. Letzterer war eine Fehlanschaffung, die mit Kreditkartenbonuspunkten bezahlt wurde. Ein *Fatboy* ist zu glatt. Der Hund rutscht immer herunter. Luna brauchte knapp zwei Wochen, um ihren *Fatboy* zu beherrschen. Heute kreiselt sie professionell einmal um die eigene Achse, lässt sich in den *Fatboy* plumpsen und bleibt bewegungslos liegen bis zum anderen Morgen. Der Plan sieht vor, dass Luna ihren *Fatboy* behält, weil sie ihn knarzfrei handhaben kann, und Wiki direkt daneben das *Schnuffelwuffel* bezieht. Der Plan sieht nicht vor, dass sich Luna den Schwanz abfreut, als sie ihr altes *Schnuffelwuffel* wieder entdeckt!

Kurzerhand faucht sie Wiki aus seiner neuen Behausung. Wiki hopst erschrocken aus dem *Schnuffelwuffel* und beobachtet, wie Luna sich wohlig eindreht. Dann will er sich dazulegen. Er hat noch keine Pfote in das *Schnuffelwuffel* gesetzt, da sieht er schon ihre warnend gekrauste Schnauze.

Bevor die Frau völlig aus dem Anzug springt, dreht er beschwichtigend ab, schnuppert um den *Fatboy* herum und versucht ihn vorsichtig zu betreten.

So viel zur Episode *Knarzen nachts um halb vier*.

Futtertechnisch ist in den ersten drei Tagen alles im grünen Bereich. Die Näpfe stehen in entgegengesetzten Ecken der Küche. Ich baue mich dazwischen auf und wache mit Argusaugen. Da soll bloß keiner gucken gehen, ob der andere ebenfalls nur Trockenfutter hat oder nicht vielleicht doch ein Pfund Wurst im Napf liegt. Wenn man den Fachbuchkrauses Glauben schenkt, soll es aus Futterneid schon zu den gewaltigsten Schlägereien gekommen sein.

Mit Kaustäbchen aus zäher Büffelhaut wird der kleine Wiki schneller fertig als Luna mit ihrem Riesengebiss. Als Wiki sein Frühstücksstäbchen verzehrt hat, baut er sich vor Luna auf und hypnotisiert den angekauten Rest, den sie zwischen ihren Pfoten hält. Leider lässt sich die Leckerei nicht telepathisch bewegen. Kurzerhand schnappt er sich Lunas Stäbchen mit den Zähnen und rast aus der Küche. Luna blickt erst verdutzt auf ihre leeren Pfoten und dann der Rakete hinterher.

Ich fasse es nicht.

Sie hatte noch nicht einmal die Zeit, die Zähne zu fletschen.

Die Bevölkerung reagiert auf unseren Familienzuwachs wie erwartet.

An der FRESSNAPF-Kasse: »Zwei Säcke? Wunderbar.«

Die Postbotin: »Warum ist Ihr Hund jetzt klein und schwarzweiß? Beim Waschen eingelaufen?«

Bauer Fürmann: »Der ist aber nervös!«
Ein Hobbykrause: »Den ersten Hund nicht gebacken kriegen, aber sich einen zweiten zulegen! Geht's noch?«
Ich: »Das ist wie mit der zweiten Million, an der ich gerade arbeite. Mit der ersten hat es auch nicht hingehauen.«
Eine Terrakottakriegerin: »Ich zeige Sie an! Der klaut unserem Bienchen das Futter.«
Der kleine Benni: »Wiki hat aber ein weiches Fell.«
Paulas Frauchen: »Geh da bloß nicht hin, Schatz!«
Die Begegnungen mit Hundedamen laufen merkwürdig schizophren ab. Das Duo verwirrt. Wiki lockt die Weiber mit einer Riesenportion Charme, und Luna bläst sie weg. Das irritiert manche Hündinnen so sehr, dass sie gar nicht mehr wissen, wie sie sich verhalten sollen. Paula schleicht zögernd heran, zuckt zurück, kommt wieder, rennt zu Frauchen, dreht sich um, schaut hin, schaut weg.
So gut Wiki mit Frauen kann, so schlecht beherrscht er das Passieren von Absperrungen aus grob gehauenen Baumstämmen. Im Neandertal sehen die wie zwei auf dem Kopf stehende U aus und sind versetzt in einem Abstand von einem Meter in den Waldboden gerammt. Während Luna mit mir auf dem Weg bleibt und wir uns ordentlich durch die Absperrung schlängeln, rennt Wiki, den ich mir an der Fünfmeterleine an die Hose gebunden habe, stumpf geradeaus. Dann erinnert er sich an uns, rast zurück, fädelt ein, saust hinter Luna her, dreht noch mal kurz um, weil er hinten auf dem Weg etwas vergessen hat, kreiselt um die vier Stämme und – steht!
Ich binde Luna an ein Bäumchen, knie mich neben Wiki in den Matsch und versuche, den kleinen Kerl zu entfesseln, ohne Knoten in die Leine zu knüpfen.
Dabei sehne ich mich nach den Zeiten zurück, wo mich eine aufgebrachte Luna einfach nur sauber und konsequent

vom Fahrrad zog. Gegen diese Turnerei mit Rüde und Hündin ist Vomfahrradkippen ein Zuckerschlecken. Radeln – Hund – anderer Hund – Zirkus – auf die Fresse fallen – aufstehen – abklopfen – weiterfahren. Alles so einfach, so eindimensional, so überschaubar.

Mir dämmert langsam, dass zwei Hunde im Haus, im Garten und am Fahrrad nicht nur doppelte Freude bedeuten, sondern vor allem achtfache Arbeit.

Die zweite Kaustäbchenattacke erfolgt an Wikis zweitem Tag. Dieses Mal baut er sich nicht vor Luna auf, sondern beobachtet sie von seinem Platz aus. Als sie einen kurzen Moment nicht aufpasst, weil sie ihre Schwanzspitze inspizieren muss, schießt er los und klaut im Vorbeifliegen Lunas Stäbchen von der Hundedecke.

Sie blickt ihm nach, brummt kurz und kümmert sich weiter um ihre Rute.

Ich blättere wie ein Wahnsinniger im Fachbuch. Steht da beim Thema Rangordnung nicht, dass in neu gebildeten Zweierrudeln in aller Regel die Hündinnen die Führungsposition übernehmen und nicht die Rüden? Und sehr oft die Älteren und nicht die Jüngeren? Und mit größter Wahrscheinlichkeit die Alteingesessenen und auf gar keinen Fall die Neuhinzugekommenen?

Luna ist alles drei zusammen – Hündin, älter, länger bei uns – und lässt sich von dieser Terrierwurst den Schneid abkaufen? Rüttelt der bereits am ersten Tag an ihrem Rang? Haben die überhaupt schon Ränge? Müsste Luna nicht endlich mal etwas unternehmen?

Ich schreibe meiner Rüdin einen Brief.

Liebe Luna,
du bist die härteste Sau im Neandertal. Du bollerst Freund und Feind vor den Kopp. Du zerrst den Ärmelmann aus seinem Revier, mich vom Fahrrad und die Beißwurstinnereien aus ihrem groben Sackleinen. Du hast im Viertel einen Ruf wie Donnerhall. Warum lässt du dir von so einer halben Portion das Fressen mopsen? Zeig der Sackmilbe die Zähne!

Stella guckt mir über die Schulter und zieht die Augenbrauen hoch.
»Fassen wir die ersten Tage zusammen«, sagt sie. »Schleppleine kann er nicht. Hören will er nicht. Er klaut anderen die Lieblingssachen. Er kann nicht knarzfrei auf dem *Fatboy* liegen. Weiber sind seine Leidenschaft. Sein Fressen atmet er ein. Wenn Luna läufig ist, macht er das ganze Haus zum Puff. Und du schreibst Briefe an einen Hund.«
Dass Ehefrauen alles immer so gekonnt auf den Punkt bringen müssen …

Das Sachenmopserle

Der Langmut, mit dem Luna die ersten beiden Kaustäbchenattacken zulässt, ist friedensnobelpreiswürdig. Luna hat schon ganz andere Kaliber wegen weit weniger attraktiver Esswaren verdroschen. Als der Rotzlöffel jedoch am dritten Tag in Folge ein Kaustäbchen aus Lunas Pranken mopsen will, verpasst sie ihm den Einlauf des Jahrhunderts.
Ich stehe am Herd und sehe aus dem Augenwinkel, wie

eine schwarzweiße Kugel die zwei Stufen vom Wohnzimmer in die offene Küche hinunterrollt und quiekend unter dem Tisch in Deckung geht. Oben steht die Rüdin über ihrem Kaustäbchen und schickt dem lebensmüden Hausgenossen ein mächtiges Donnergrollen hinterher. Es sieht ganz danach aus, als ließe sich aus einem zweimaligen Nichtreagieren kein Anspruch auf Allgemeingültigkeit ableiten.

Wiki verliert vor Schreck etwas Flüssigkeit.

Gelbe, nicht rote!

Die Aktion ist von beeindruckender Nachhaltigkeit. Sie dauert ganze zwei Sekunden. Wiki hat keinen Kratzer. Es tut nicht weh. Aber das Kaustäbchenthema ist ein für alle Mal gegessen!

Ich gestehe, für mich persönlich ist es das Highlight des Tages. Habe ich mich doch schon gefragt, wie lange sich unsere Diva noch von dem Jungspund auf der Nase herumtanzen lässt. Und ob man sich eigentlich wie die Axt im Walde benehmen muss, wenn man irgendwo neu einzieht.

Meine Kinder sind von dem respektlosen Neuzugang begeistert und plädieren dafür, aus den Vorfällen der ersten drei Wochen eine Hitparade zu erstellen.

Platz 10

Wiki schraubt von einer Essigflasche den Blechdeckel ab und kaut darauf herum, als wäre es ein Werther's Original. Sein Zahnfleisch scheint aus Edelstahl gefertigt zu sein.

Platz 9

Kauknochen aus Rinderhaut vernichtet der Kleine schneller als die Große. Plüschige Losbudengewinne werden gehäckselt. Offenbar können Terriergebisse in den Schreddermodus schalten.

Platz 8
Monsieur klaut wie ein Rabe: Kaustäbchen aus Pfoten, Schuhe aus Regalen, BHs aus der Wäsche und Handwerkerbrötchen vom Teller. Letztere wurden von mir persönlich aufgebacken und mit Meerrettich, Mayonnaise, Schinken, Emmentaler, Gurke, Ei und Salat sorgfältig belegt. Der Gipser durfte einen kurzen, hungrigen Blick darauf werfen, dann waren die Brötchen weg.

Platz 7
Wiki gräbt ein Riesenloch in Stellas mühselig gepflegte, mit der Nagelschere geschnittene Rasenböschung. Die erboste Gattin knurrt: »Sieh an, der Knabe schaufelt sich sein eigenes Grab.« Tatsächlich! Das Loch ist groß genug, um einen wild gewordenen Halbterrier problemlos darin bestatten zu können.

Platz 6
Der Macho schläft breitbeinig schnarchend auf dem Rücken. Fehlt nur noch, dass er Baseball guckt, sich am Sack kratzt und auf den Boden rotzt.

Platz 5
Wiki bewacht Luna im Haus. Er setzt sich neben sie, lässt die Knopfaugen schweifen und grollt dramatisch, wenn ich mich der Holden nähere. Ich räume den Dreikäsehoch kurzerhand beiseite. Als ob mein Vierzigkilohaudegen einen Sechzehnkilobodyguard bräuchte!

Platz 4

Das Schleppleinenchaos ist kein Einzelfall, sondern an der Tagesordnung. Wiki fädelt mit seiner Fünfmeterschnur so schnell ein, durch, drunter und drüber, dass ich jedes Mal etliche Minuten brauche, um die Knoten aus der schlammigen Nylonschnur zu lösen. Dieses Vergnügen habe ich allerdings nur, wenn wir auf eine Ansammlung von mehr als drei Laternen, Pfosten, Birken oder Pfählen treffen. Es soll sich schließlich lohnen.

Platz 3

Wenn wir einen Ausflug mit dem Auto machen, öffne ich erst die Kofferraumklappe und dann die Haustür. Luna trabt aus der Tür und springt in den Kofferraum.

Wiki entert das Auto auf ganz eigene Art: mit einem Affenzahn schießt er aus dem Haus, quer durch den Hof, die Einfahrt hoch, rüber zum Nachbarn, zweimal um dessen Teich, dann wieder zurück, die Einfahrt hinunter, durch unseren Hof und ab in den Kofferraum. Er ist noch nicht ganz gelandet, da wirft er dem Fahrer bereits einen seiner unschuldigen »Kann's endlich losgehen? Worauf warten wir denn noch?«-Blicke zu.

Platz 2

Wiki rast durchs Haus, kurvt in Max' Zimmer, springt mit Anlauf auf den Sessel, federt durch das offene Fenster aufs Remisendach, rutscht auf dem blanken Hintern über bemooste Dachziegel und hopst zwei Meter auf den Weg hinunter. Vor dem Sprung winkt er noch kurz. Könnte aber auch ein ausgestreckter Mittelfinger gewesen sein.

Platz 1

Dreist mogelt er sich seitlich unter die Bettdecke und kommt am Kopfende mit einem derart unschuldigen Gesichtsausdruck zum Vorschein, dass du schlagartig den ganzen Bockmist vergisst, den er tagsüber angestellt hat.

In der Nacht nach dem Kaustäbcheneinlauf höre ich ein zartes Tapsen. Wiki schleicht zu Luna und krabbelt vorsichtig zu ihr in das *Schnuffelwuffel*. Er stupst beschwichtigend an ihre Lefze. Sie brummt ungehalten und scheucht ihn weg. Wiki verzieht sich direkt daneben auf den knarzenden *Fatboy* und legt den Kopf auf ihren Hinterlauf.
 Beide schlafen.
 Alles ist gut.

Dieser Hund hat einen Beuteknall!
 Das steht natürlich nicht in dem Beipackzettel, den die Erstbesitzer in seinen Impfpass legten, als sie ihn mit zwölf Monaten im Tierheim abgaben. Da stehen sicherheitshalber nur die guten Eigenschaften drauf:
 Wickie ist ein fröhlicher Hund, der nicht gern an der Leine geht. Er braucht viel Gesellschaft. Ab und zu haut er ab. Spätestens nach zehn Minuten ist er aber wieder da. Er ist eine Mischung aus Black Russell und kleinem Münsterländer.
 Black Russell, aha. Black Russells gibt es nicht. Dafür findet Google zwei Russell Blacks. Einer ist Klempner im englischen Harrow, der andere Wasserfarbenmaler in Utah. Mit dem kleinen Münsterländer ist es auch so eine Sache. Die sind braunweiß. Wiki jedoch ist schwarzweiß.

Der Rest der Botschaft steht glasklar zwischen den Zeilen: *Der kleine Wiki zerrt wie ein D-Zug an der Leine. Auf Hundewiesen wünscht er abgeleint zu werden, damit er die nächsten zwanzig Minuten nach eigenem Gusto gestalten kann. Danach hat er im Wald zu tun. Bitte rühren Sie sich nicht von der Stelle und rufen Sie in regelmäßigen Abständen, damit der Hund weiß, wo Sie sind.*

Offensichtlich werden mittlerweile nicht nur Menschen mittels beschönigender Zeugnissprache bewertet, sondern auch Vierbeiner. *Der kleine Momo hört schon auf Grundkommandos, aber er muss noch viel lernen* bedeutet: Der Knabe kann nix, aber er zuckt wenigstens mit dem Ohr, wenn man *Sitz* sagt. *Auf Hündinnen könnte die liebe Fanta gerne verzichten* heißt: Die geht zweibeinig mit dir spazieren, wenn ihr andere Hunde trefft.

»Na ja, da scheint bei den Vorbesitzern so einiges schiefgelaufen zu sein«, sagt Frau Hagedorn, als ich sie in unserer vierten Wikiwoche anrufe. »Die haben sich gesagt, jetzt, wo unsere Kinder groß sind, holen wir uns einen kleinen Hund.«

»Was meinen die mit groß?«, frage ich.

»Drei und fünf«, seufzt Frau Hagedorn. »Ich weiß. Hoffnungslos ahnungslos. Und dann sind sie auch noch an einen Hobbywahnsinnigen geraten, der Jack Russell Terrier mit Münsterländern verpaart und die Mischung als leichtführigen Anfängerhund anpreist. Wiki war noch nicht mal vier Wochen im Haus, da ist er ihnen schon über den Kopf gewachsen.«

»Ist irgendetwas passiert?«

»Nein, das Übliche halt. Der Kleine ist mopsfidel, anspruchsvoll und vor allem beschäftigungsintensiv. Wenn er Langeweile hat, gestaltet er sich seinen Spaziergang halt selber und büxt aus.«

»Aber irgendetwas muss doch vorgefallen sein«, sage ich.

»Der klaut hier alles, was nicht niet- und nagelfest ist, und faucht jeden an, der es wiederhaben will.«

Wie gesagt: Beuteknall!

Wenn Wiki an einem Knochen nagt und ein Zweibeiner nähert sich ihm, zuckt er zusammen und erstarrt zu Eis. Es klackt, als wenn eine Waffe geladen wird. Aus den Tiefen dieses kleinen Rüden kommt ein so unmissverständliches Grollen, dass nicht nur Kinder in Ehrfurcht verharren. Hunde kommunizieren eben glasklar. Wenn wir Menschen das auch beherrschten, wäre vieles einfacher.

Auf Tauschgeschäfte lässt er sich gar nicht erst ein. Knochen gegen Knackwurst? Geh mir weg!

Ihm beherzt das Maul auszuräumen, wenn er gerade einen Pfirsichkern verzehren möchte, ist ebenfalls ein Ding der Unmöglichkeit. Den Kern will er behalten. Ich ziehe mit zwei Fingern daran. Beim Nachfassen rutschen die Backenzähnchen vom Pfirsichkern. Mein Zeigefinger fühlt sich an wie im Schraubstock.

Na gut, denke ich, friss ihn halt auf, deinen doofen Klumpen.

Ganz wohl ist mir dabei nicht. Wikis Leibspeisen sind nämlich nicht allzu bekömmlich. Zu ihnen zählen – in genau dieser Reihenfolge – Brennholz, Zahnstocher, Doppelkeks mit Papier und Plastikfolie, Brennholz, Blechdeckel von Essigflaschen, Wäscheklammern ohne Drahtbügel, Brennholz, Haarspangen, Brennholz und Brennholz.

Da fragt sich der Geizkragen in mir, warum ich immer die teuren Trockenfuttersäcke für sechsundfünfzig Euro das Stück kaufe. Ein Festmeter Kaminholz kostet derzeit gerade mal die Hälfte.

Holz liegt schwer im Magen. Wiki reihert auf den Teppich. Da er ein ausgewiesener Ressourcenverteidiger ist, für den frisch Erbrochenes nur ein anderer Aggregatzustand von Gourmetküche darstellt, legt er sich daneben und bewacht die Kotze – knurrend wie ein Achtzylinder aus Maranello.

»Meine Güte«, sage ich und stelle den Wischmopp zurück in den Schrank, »so wild bin ich aufs Feudeln nun auch wieder nicht.«

Gelegentlich schiebt er sich nach einem gut abgehangenen Stückchen Brennholz noch den dazu passenden Kaminanzünder hinter die Kiemen. Mir ist schleierhaft, wohin das führen soll. Vermutlich detoniert er eines schönen Tages von selbst.

Er nagt den Saum meines Büroteppichs an. Anschließend legt er sich auf die sabbernasse Knabberstelle und verteidigt sie.

Abends erbeutet er eine Packung Tempo-Taschentücher. Ein willkommenes Betthupferl. Im Körbchen reißt er die Packung auf, nimmt vier Tücher auf einmal ins Maul und lässt sie nicht mehr los. Tempos quietschen übrigens, wenn man sie fest zwischen die Zähne nimmt. Das wusste ich bis dahin auch noch nicht. Den Rest der Nacht bewacht er seine Tücher. Wenn ich ihm behutsam und leise eines wegnehmen will, fasst er schlaftrunken nach.

Ein andermal bewacht er eine Tüte knochentrockener Brötchen. Die hängt im Garten an einem Baum und ist für unsere zwei Schafe Paula und Lieschen. Wiki setzt sich unter den Baum und pöbelt jeden an, der sich bis auf einen Meter nähert. Monsieur ist wie von Sinnen. Ich kühle sein Mütchen, indem ich ihn mit dem Gartenschlauch wegspritze.

Im Keller bewacht er die Hundefuttertonnen wie ein Panzer und in der Küche den gesamten Frühstückstisch.

»Der hat bei Ihnen aber viel Gelegenheit, seinen Beutekoller auszuleben«, sagt Frau Hagedorn.

»Sie haben recht«, gebe ich zu. »Aber der ist wirklich sauschnell. Er kommt mir immer zuvor. Außerdem bevorzugt er

Sachen, die ich nicht einmal im Traum als Beute einstufen würde. Oder noch schlimmer: Das Zeug, das ihm gestern wichtig war, ist ihm heute wurschtegal. Manchmal bemerke ich auch gar nicht, dass er etwas ergattert hat. Neulich hat er sich unter den Küchentisch verzogen und einen Mordsrabatz veranstaltet, als ich ihn abrufen wollte. Hätte ich vorher gesehen, dass er auf einem Schulbrot saß, das er aus Maries Ranzen geklaut haben muss, hätte ich ihm und mir diese Situation erspart.«

»Beißt er etwa?«, fragt Frau Hagedorn.

»Nein. Aber meine Hand lege ich dafür nicht ins Feuer. Von Luna kennen wir so ein Verhalten gar nicht. Der konnte man von Anfang an jeden Brocken aus dem Maul nehmen. Das hat sie anstandslos zugelassen.«

»Na ja, Terrier sind halt anders.«

»Das können Sie laut sagen«, sage ich. »Luna hat ihm heute Morgen gezeigt, wo das Altglas steht. Das hat ihn so gefreut, dass er spontan von einer Essigflasche den Blechdeckel abschraubte und zerkaute.«

»Aua«, sagt Frau Hagedorn.

»Ein Wiki mit Blechdeckel zwischen den Zähnen sieht übrigens genauso aus wie ein Wiki ohne Blechdeckel zwischen den Zähnen. Das ist das Problem. Ich sehe nicht, dass er Beute hat.«

»Und prompt laufen Sie völlig unvorbereitet in die Konfrontation«, sagt Frau Hagedorn.

»Ja«, sage ich. »Aber normal ist das auch für einen Terrier nicht.«

»Ich habe gehört, dass die Vorbesitzer den Kleinen schon mit zwölf Wochen an die Heizung gebunden haben, weil er Sachen angenagt hat. Der hing an einer Zweimeterleine in einem Durchgang zwischen Wohnzimmer und Wintergarten.«

»Angebunden? Der?«

»Ja, leider«, sagt Frau Hagedorn. »Ich schätze mal, die haben nie etwas davon gehört, dass zahnende Welpen etwas zum Kauen brauchen. Da wurde wohl vorher auch kein einziges Welpenbuch aufgeschlagen, um zu erfahren, was auf einen zukommen kann. Vermutlich hat er dann vor lauter Langeweile seine Decke, sein Spielzeug und sein Essen bewacht. Als er anfing Kinder anzuknurren, die ihm seine Sachen wegnehmen wollten, wurde er als aggressiv eingestuft und abgegeben, vermute ich mal.«

»Sie schätzen und vermuten viel.«

»Ja, ganz sicher bin ich nicht. Es ist halt Hörensagen. Wie so oft. Das mit dem Anbinden scheint zu stimmen. Beim Knurren bin ich mir nicht ganz sicher.«

Aber ich!

Mein lieber Herr Gesangverein!

Wiki ist zwölf Monate alt. Ein vollpubertierender Halbstarker. Seit er hier ist, versucht er allen – Frau, Mann, Kind, Kind, Kind, Hund, Kaninchen, Kaninchen, Schaf, Schaf – seinen Stempel aufzudrücken. Mit viel Charme, aber eben auch mit einer überaus hartnäckigen Kompromisslosigkeit.

Ich staune.

Meine Frau sagt, ich solle Nervenstärke und Beuteknall einfach mal positiv sehen. Immerhin halte er beim Tauziehen stolze fünfzehn Minuten dagegen, obwohl er nur ein Drittel so viel wiegt wie Luna. Wunderbar sei auch, dass er sich in Wald, Feld und Flur von Lunas Ausrastern nicht anstecken lässt, sondern lässig nebenhertrabt. Außerdem räume er im Vorbeilaufen platte, sonnengetrocknete, knusprige Frösche von der Straße. Das sei doch Dienst an der Allgemeinheit und verdiene wohlwollende Beachtung.

Sie hat ja recht. Und wenn man nach Hause kommt, bringt

er einem immer einen Schuh. Es ist grundsätzlich der falsche. Aber hier zählt die Geste.

Derzeit lernt er, dass hier im Haus so viel Interessantes los ist, dass man sich kein eigenes Programm zu machen braucht. Einfach irgendwo anschließen, schon hat man etwas zu tun.

Vom Bett aus Marie bei den Hausaufgaben zugucken, Lotta beim Aufräumen helfen, mit Stellas Wischmopp spielen, Lunas Hals anknabbern und gucken, ob sie darauf anspringt, im Garten nach dem Maulwurf sehen, im Düsseltal dem Reiher Bescheid sagen, im Büro Herrchens Laptooo – – – JA, BIST DU DENN TOTAL WAHNSINNIG!? HAU BLOSS AB, DU RADAURASSEL!

So viel Abwechslung tut dem kleinen Kerl offensichtlich gut. Familienmitglieder munkeln, sie hätten ihn schon zufrieden und erschöpft schlafen sehen.

Auf dem knarzenden *Fatboy*!

Trotz Beuteknall ist es ihm nämlich immer noch nicht gelungen, der Alten ihr *Schnuffelwuffel* abzuluchsen.

Sonnenschein mit vier Buchstaben

Die Probezeit ist beinahe um. Wiki ist fast auf den Tag genau drei Monate bei uns. Zeit für eine kurze Beurteilung seitens der Personalabteilung. Die ist sich im Wesentlichen einig: Was für ein großartiger kleiner Hund!

Wir erinnern uns. Monsieur wurde im zarten Alter von zwölf Monaten im Tierheim abgegeben wegen fortgesetzter Renitenz, hyperaktiver Hibbeligkeit und gegen den Menschen gerichteter Aggression.

Zur Renitenz ist zu sagen: Ja mei, es ist halt ein Terrier, ein halber.

Ich habe noch selten einen Hund kennengelernt, der so nutzenorientiert durch den Tag brösselt wie dieser. Luna beißt schon mal in den sauren Apfel und erledigt missmutig Dinge, die ihr nicht passen. Wiki hingegen schmeißt sofort die Birne an. Jegliches Ansinnen wird einer sorgfältigen Prüfung unterzogen. Lohnt es sich für mich? Dann mach ich's! Wenn nicht, dann nicht. Was für seinen Menschen bedeutet: Bevor du diesen Hund herumkommandierst, überlege dir genau, wie du ihm diesen Vorgang lukrativ gestaltest. Ansonsten halte um Himmels willen die Schnauze.

Hibbeligkeit?

Ja mei, es ist halt ein Terrier, ein halber.

Ein Flummi, der aus dem Stand einen Meter fünfundzwanzig hoch springt, braucht Beschäftigung. Nach dreißig Minuten Beißwurstzerren (mit Rüdin), zwanzig Minuten Dummystöbern (mit mir) oder neunzig Minuten durchs Neandertal rasen (mit Fahrrad) kehrt langsam innere Ruhe ein. Komaähnliche Zustände sind bereits eingetreten. Es gibt Zeugen.

Seine Aggressivität gegen Menschen, für die Vorbesitzer wohl der ausschlaggebende Grund, ihn ins Tierheim zu fahren, ist bei genauem Hinsehen vielleicht gar keine. Positiv denken! Ich betrachte es als Fehlinterpretation seines ausgeprägten Hangs zur Ressourcenverteidigung.

Woher das kommt?

Ja mei …

Wiki verteidigt Beute mit jeder Faser seines großen, tapferen Herzens. In dieser Beziehung muss früher unglaublich viel schiefgelaufen sein. Ich will gar nicht wissen, wie oft man ihm Dinge auf die falsche Weise abgenommen oder ihn deswegen bedroht hat. Tatsache ist – und damit müssen wir erst einmal leben –, hat er einmal Beute gemacht und gesichert, erstarrt er zur Salzsäule.

Er grollt, knurrt und fletscht die Zähne, sobald jemand sich nähert.

Gleichzeitig ist dem armen Kerl so himmelangst, dass er pinkelt.

Je nachdem, welchen Wert die Beute in Wikis Augen hat, handhaben wir das auf dreierlei Art.

Beutetyp Classic
Beutewert: nullachtfuffzehn
Beuteart: Non Food
Taktik: Tauschen
Für Wurst spuckt er so gut wie jeden Non-Food-Artikel aus.
Das Kommando *Tauschen* löst die Körperspannung auf Anhieb und verschiebt sie komplett in den heftig wedelnden Schwanz.
Schuhe, BHs und Schreibgeräte bleiben unversehrt.

Beutetyp Gold
Beutewert: ganzganzwichtig
Beuteart: Food
Taktik: Kraulen
Ich setze mich über sein fürchterliches Knurren hinweg und kraule ihn so lange, bis aus dem Knurren Schnurren wird.
Während dieses Vorgangs verbleibt das erbeutete Schulbrot zwischen den weißen Terrierzähnchen.
Er muss es noch nicht hergeben.

Er soll erst mal lernen, dass ihm in solchen Situationen keiner etwas tut.
Wenn er mag, kann er nach einer Weile tauschen.
Meistens mag er.

Beutetyp Platinum
Beutewert: Fragnichtnachsonnenschein
Beuteart: Kotze und ähnliche Leckereien
Taktik: Ignorieren
Bei Erbrochenem versteht der Knabe keinen Spaß.
Es hat einmal ihm gehört.
Mir soll's recht sein.
Soll er den Haufen doch bewachen und nach drei Minuten wieder auffressen.
So scharf bin ich aufs Putzen nun wirklich nicht.

Luna begegnet diesem Ressourcenzirkus ganz entspannt. An ihre Sachen traut er sich nicht. Also kann das, was er da hat, nur etwas sein, worauf sie keinen Wert legt.
    Sie blinzelt kurz hinüber, nimmt ihre geringelte Mirvölligwurschthaltung ein und schnaubt. Dass Kerle sich immer so aufblasen müssen …

Hundeforum > Zweithund > Rüde und Hündin problemlos?
Heute 22:43   lunawiki   #133
@waltraud47
Nein, Luna soll keine Welpen werfen. Nein, ich bin kein Vermehrer. Nein, ich kriege keine 2 000 € pro Welpe, weil Luna berühmt ist, und nein, wir beliefern auch nicht den dicken Zoo Zajac. Das war nur ein schlechtes Timing am Anfang.

Hundeforum > Zweithund > Rüde und Hündin problemlos?
Heute 22:50　　　　　　　lunawiki　　　　　　　　　#134
@fuselchen
Warum sollten wir auf einmal barfen? Wiki frisst Teelichter, Mehlverpackungen, Brennholz, frisch Erbrochenes, Maulwurfshaufen und Tesafilm. Da wird ihn Lunas Trockenfutter gewiss nicht umbringen.

Hundeforum > Zweithund > Rüde und Hündin problemlos?
Heute 22:56　　　　　　　lunawiki　　　　　　　　　#135
@ibizadogs
Stimmt, das mit den Kaustäbchen war etwas leichtsinnig. Aber ich finde nicht, dass mir deshalb gleich beide Hunde weggenommen gehören.

Hundeforum > Zweithund > Rüde und Hündin problemlos?
Heute 23:01　　　　　　　lunawiki　　　　　　　　　#136
@tyson
Das war keine gute Tat. Der Rüde ist nur da, damit Luna vormittags zu Hause einen zum Verkloppen hat und nachmittags draußen friedlicher wird.

Hundeforum > Zweithund > Rüde und Hündin problemlos?
Heute 23:10　　　　　　　lunawiki　　　　　　　　　#137

Zitat von hundefühler >
Wenn man immer so schnell läuft, wie der Hund es gerade tut, dann käme es ja nicht dazu, dass der Hund an der Leine zieht??? SO einfach ist die Lösung! Empfiehlt froh und leise – der Hundefühler

Danke, HF. 100 Meter unter 10 Sekunden sind mit ein bisschen Training sicherlich machbar.

Hundeforum > Zweithund > Rüde und Hündin problemlos?
Heute 23:19　　　　　　　lunawiki　　　　　　　　#138
@all
Sammeldanke für die guten Wünsche und Tschuldigung für die Mehrfachposts. (Irgendwie kriege ich das mit dem Zitieren nicht hin.) Bis auf leichte Startschwierigkeiten (was ist meins und was ist deins?) kommen die beiden gut miteinander aus. Heute haben wir sogar ein Video gedreht. Es handelt von einem winzig kleinen Rüden, der mit einer viel zu großen Hündin Fußball spielt und dabei nur an das Eine denkt. Sex und Fußball – ein echter Männerfilm. Mir fiele noch ein viel schlimmerer Titel ein, der sich reimt und in dem »kicken« vorkommt, aber das schreibe ich hier nicht hin. Ich melde mich, wenn ich Rat brauche. Oder Tabletten!

Fahrradfahren mit Hund wird im gesetzten Alter auch nicht einfacher. Immerhin wird Luna bald acht Jahre alt. Da müsste so langsam etwas reifere Ruhe eintreten.

Tritt aber nicht!

Während Wiki aufgrund seiner Tierheimerfahrung mit vierzig spröden Katzenkolleginnen nicht so recht weiß, was er mit den launischen Viechern anfangen soll, entwickelt sich Lunas Katzenphobie stramm weiter. Ein seltsam geformter Karton unter dem Auto wird als beiger Kater Arthur wahrgenommen und massiv angegangen. Der souveräne Karton zeigt keinerlei Regung, was als Provokation empfunden wird und umgehend den Atompilz im Hund weckt.

Ich schwanke auf dem Rad.

Madame braucht eine Brille.

Wiki hält Sicherheitsabstand und unterstützt die Attacke verbal. Er ist mittlerweile wieder ganz gut bei Stimme. In den ersten Wochen klang er noch wie ein Reibeisen. Unsere Tierärztin meinte, dass sei oft so bei Hunden, die im Tierheim zu viel gebellt hätten, und so ein heiseres Hundchen sei ja wirklich angenehm fürs Ohr, aber wir sollten uns mal keine Hoffnungen machen, es würde schon noch richtig laut im Haus.

Sie hat recht behalten.

Von Tag zu Tag klingeln unsere Ohren mehr. Zum einen, weil Wiki die Geräusche im und ums Haus noch nicht kennt und allen Bescheid sagen muss, wenn sich draußen eine Schnecke bewegt. Zum anderen, weil er jung, ungestüm und mordsmäßig aufgeregt ist.

Wenn er den Kindern nach endlos langem, langweiligem Nachtschlaf morgens zum ersten Mal begegnet, hüpft er vor lauter Begeisterung auf und ab. Das wird gern gesehen, es sei denn, sie bringen gerade einen Berg Klamotten zur Waschmaschine. Schwupp, schon hängt er drin – und wo er schon einmal drinhängt, beißt er sich auch gleich fest.

»Aaahh! Bring mal einer Fleischwurst!«, schreit Lotta durchs Haus. »Schnell! Oder Käse!«

»Wieso das denn?«, schreit Stella zurück. »Ihr frühstückt doch immer süß?!«

»Wiki hat sich in mein Top verbissen!«

»Papa kommt!«

Ich spurte in Lottas Zimmer und pflücke den kleinen Kerl mithilfe eines kleinen Camemberts aus dem Kleiderhaufen.

»Der macht laufend so einen Scheiß«, sagt Lotta und untersucht ihre Garderobe auf Bisswunden. »Das nervt wirklich.«

»Wiki ist neu«, wiegle ich ab. »Der will dich halt kennenlernen.«

»Indem er meine Klamotten ruiniert, oder was?«

»Ähm …«, mache ich.

»Meinen Eyeliner hat er auch schon gefressen.«

Der Angeklagte rennt derweil in die Küche auf der Suche nach seiner Rüdin. Er will jetzt ein paar Runden balgen. Sorglos rutscht er am »Backofenmünsterländer« – seinem Spiegelbild in der Ofentür – vorbei und stürzt sich in Lunas Ecke. Inzwischen hat er nämlich gelernt, dass in der Küche kein zweiter Münsterländerjackrussell lebt, der ihn sonderbar anstarrt.

Wenn Luna keine Lust hat, wird so lange gestupst und gerempelt, bis sie mitmacht.

Nachmittags bleibt Wiki bei den Brombeeren im orangeroten Schafszaun hängen und bellt um Hilfe. Ich befreie ihn. Noch während ich den Zaun mit Steinen beschwere, um ihn ausbruchssicher zu machen, büxt er in Richtung Willbeck aus. Dort liegt die Bushaltestelle.

Luna sieht ihm mit einem Ausdruck hinterher, als hoffe sie inständig, dass Wiki in den Bus steigt; besser noch, in die falsche Regionalbahn, irgendeine, die irgendwohin in den letzten Winkel vom Bergischen Land fährt.

Ich galoppiere hinterher und fange ihn wieder ein.

Zurück in der Remise hauen die beiden sich wegen eines leeren Trockenfuttersacks, der an der gelben Tonne lehnt.

Ich wische mir den Schweiß von der Stirn. Herrgott, muss Hundkennenlernen so turbulent sein? Das nächste Mal schaffe ich mir eine Ringelnatter an. Frosch reinstopfen, schon liegt die eine Woche rum und gibt Ruhe.

Seit Wiki da ist, arbeite ich nur noch halbtags. Den Rest der Zeit spurte ich ihm hinterher, halte ihn von Seltsamkeiten ab, beobachte Luna und zerbreche mir den Kopf. Am irritierendsten sind für gestandene Hündinnenbesitzer wie uns diese typischen Rüdenangelegenheiten.

Du liebe Zeit!

Jedes Hälmchen wird angepinkelt. Oder es soll angepinkelt

werden, aber er denkt vor lauter Schnüffeln nicht ans Wasserlassen. Die Nase schubbert unten und das Bein schwebt oben, obwohl kein Tröpfchen kommt. Das passiert auch, wenn Wiki beim Strullern Beute ausfindig macht. Maus, Biene, Maulwurf, Insekt, egal. Der aufmerksame Rüde verharrt und vergisst vor lauter Starren, dass er hinten schon längst fertig ist.

Zum längeren Hinhocken zwecks Würstchenablage fehlt ihm grundsätzlich die Zeit. Wenn Wiki muss, sieht das aus wie ein Sondereinsatzkommando auf dem Klo. Vorne pendelt die Birne mit den hellwachen Augen gespannt in alle Richtungen und sichert die Umgebung, hinten passiert alles automatisch.

Danach wird gescharrt. Und gebuddelt! Als ob das Scharren mit den Hinterläufen im Hirn einen Kurzschluss verursacht und spontan der Gedanke aufkommt: Warum nur hinten? Mit den Vorderläufen kann man doch auch etwas Schönes unternehmen.

Mittlerweile hat Wiki das vierte Loch in unseren Garten gegraben. Wieder handelt es sich dabei um einen Tunnel von einer Tiefe, in der man LOCKER EINEN TERRIERMISCHLING BESTATTEN KÖNNTE.

Er scharrt auch im Haus, vorzugsweise auf kleinen Teppichen. Wir ahnungslosen Jungrüdenhalter sind besorgt und denken, den armen Kerl jucke es an den Pfoten. Dann lesen wir, dass es typisches Rüdengebaren ist: mein Haus, mein Platz, meine Duftpartikel auf dem Vorleger.

Nach drei Monaten Wiki habe ich das Gefühl, der Kleine ist nicht nur mit Haut und Haaren, sondern auch mit der allerletzten Faser bei uns angekommen. Ich lege mich fix und fertig unters Sauerstoffzelt und habe schwer atmend jede Menge Fragen an erfahrene Rüdenbesitzer.

Warum muss man immer breitbeinig wie John Wayne seine Runden drehen? Sich wegen jeder Winzigkeit so aufblasen?

Jedem Halb- und Vollweib hinterherrennen? Blind und taub werden, nur weil vor zwei Stunden irgendeine Luna, Emma, Trulla denselben Weg genommen hat?

Glauben alle Rüden, dass Frauen in Wirklichkeit JA meinen, wenn sie NEIN sagen?

Was, zum Henker, soll dieses alberne akrobatische Wasserlassen? Muss der Kopf beim Strullern jedes Mal so hyperaktiv hin- und herpendeln, dass man in einem Streukreis von ein Meter zwanzig alles einnässt?

Auch die eigenen Vorderpfoten?

Kann man diese Pfoten nicht mal wegnehmen, wenn es da bis zum Knie hoch warm wird?

Was hat es mit diesem Kunstkacken auf sich? Recken die alle den Poppes so hoch, bis die Wurst oben auf dem Eiffelturm platziert werden kann?

Fangen alle Rüden an zu brummen, wenn man sie am Hals rubbelt?

Sabbern sie bei *Lassie*-Videos?

Jagen sie Rockzipfel?

Klauen sie Butter?

Knacken sie Wespen?

Kauen sie Kronkorken?

Bewachen sie Kotze?

Eines Sonntagmorgens schickt die Sonne ihre warmen Strahlen ins Schlafzimmer und trifft genau die Richtigen. Luna döst der Länge nach im *Schnuffelwuffel*. Zwischen ihren Vorder- und Hinterpfoten ist exakt so viel Platz, dass ein kleiner, eingeringelter Wiki dazwischenpasst.

Und genau da liegt der auch!

Der *Schnuffelwuffel*-Krieg ist zu Ende.

Das Doppel-Pack ist geboren.

Das Doppel-Pack

»Der Radau nervt!«, sagt Stella.
»Sprich ein Machtwort.«
»MACHTWORT!!!«, schreie ich aus voller Kehle.

Blödarschkuh!

In der Post liegen drei Vorabexemplare von *Herrchenjahre*. Wiki hat einen dicken Hals, weil er nicht darin vorkommt.

»Streng dich an«, sage ich zu ihm, »dann schreibe ich deinen Mist auch auf.«

Daraufhin springt er über den Zaun und legt sich in grenzenloser Selbstüberschätzung mit dem fünfundsiebzig Pfund schweren Schäferhundrüden von Bauer Fürmann an. Das ist doch schon mal ein Anfang.

Überhaupt dieser Zaun.

Offensichtlich hat Wiki noch während seiner Probezeit, die trotz einiger Abmahnungen in eine Festanstellung mündet, sämtliche Lücken im Zaun entdeckt. Oder Luna hat sie ihm bei ihren morgendlichen Rundgängen gezeigt, vielleicht aus lauter Frust, weil sie selber nicht hindurchpasst. Jedenfalls verbringe ich Stunden damit, Zaunlöcher, durch die kleine Wikis rutschen können, zu verstopfen, und niedergedrückte Drähte in Hopshöhe mittels Holzpfählen wieder aufzurichten.

In unbeobachteten Momenten gräbt der Kerl geduldig neue Löcher, durch die er nach der Fertigstellung schlüpft, um zum nachbarlichen Teich zu galoppieren und die Enten zu jagen. Als ich mit Luna hinübersprinte, um die Situation zu klären, lässt sie mich im Stich und steigt ebenfalls in die Entenjagd ein. Das Entenpärchen dümpelt derweil seelenruhig in der Teichmitte und macht sich so seine Gedanken über zwei Deppen, die lauthals bellend das brackige Wasser umkreisen und sich nicht hineintrauen.

Irgendwann lässt der Jagdeifer nach, und die Herrschaften bequemen sich zu dem johlenden zweibeinigen Hanswurst, der vor Wut mit den Füßen den Rasen platt stampft.

Ich ramme schmale Baumscheiben in das neue Loch.

Wiki zerrt sie wieder raus.

Ich ramme dicke Baumscheiben in das neue Loch.

Jede wiegt annähernd zehn Kilo!

Da gibt er endlich Ruhe.

»Sind wir denn jetzt ein Rudel, oder was?«, fragt Marie, während wir im Bulli hinter einem Lastwagen durch Gruiten schleichen und ich mich frage, ob wir zu spät zur Schule kommen.

»Das heißt nicht Rudel«, sage ich. »Bloch sagt, das heißt sozial gemischte Gruppe.«

»So ein Schwachsinn«, sagt Lotta. »Natürlich sind wir ein Rudel. Wenn der so weiterfährt, kommen wir zu spät zur Schule.«

»Und wer ist der Chef bei den sozial Gemischten?«, fragt Marie

»Wenn wir zu spät kommen, muss ich das Chemiegeschirr spülen«, sagt Lotta. »Das ist eklig und stinkt.«

»Ich bin der Chef«, sage ich. »Ab und zu jedenfalls.«

»Nein«, sagt Marie. »Ich meine, wer von den Hunden ist der Chef.«

»Schwer zu sagen. Manchmal Luna, manchmal Wiki. Ist Luna jetzt Alpha, weil sie Wiki wegen der Kaustäbchen vermöbelt? Oder ist es Wiki, weil er das geklaute T-Shirt so gewalttätig verteidigt, dass Luna einen großen Bogen um ihn macht? Keine Ahnung.«

»Ist das überhaupt wichtig?«, fragt Lotta

»Da scheiden sich mal wieder die Geister«, sage ich. »Die einen Krauses meinen, man müsse den Alpha ausfindig machen und ihn bestätigen und unterstützen. Wenn man dem Schwachen helfe oder ihn bevorzuge, kriege er hinterher vom Alpha immer eine aufs Maul. Die anderen sagen, das sei kompletter Blödsinn. Man könne bei Haushunden überhaupt nicht herausfinden, wer anführt, weil es je nach Situation wechselt.«

»Meine Güte, trödelt der!«, stöhnt Marie. »Der sucht etwas.«

Mittlerweile zuckelt Oetjen Logistik im Schritttempo durch die Straßen. Er fährt exakt dieselbe Strecke wie wir. Hundert Meter vor der Schule rollt er schließlich, ohne zu blinken, am Straßenrand aus. Bis dahin haben wir ausgiebig Zeit, den Spruch zu studieren, den irgendein grenzdebiler Werbetexter hinten auf die Plane geschrieben hat: *Ihr Ziel – ist unser Weg!*

Als Luna die Karnickel in der Abenddämmerung sieht, will sie durchstarten. Bereits auf dem ersten Meter entwickelt sie mächtig Speed, bleibt aber dummerweise mit den Vorderläufen in Wikis Schleppleine hängen. Der Hintern überholt in der Luft, Luna überschlägt sich und knallt mit dem Rücken in den schlammigen Acker.

Wo sie schon mal liegt, nutze ich die Gunst der Stunde und kommandiere meine völlig verdatterte Hündin ins Platz. Sie dreht sich vom Rücken auf den Bauch und flucht wie ein Kutscher.

Wiki sieht aus, als würde er unschuldig vor sich hin pfeifen.

Zusammenfassend lässt sich sagen: Der Kleine hat die Probezeit überstanden und lässt die Sau raus, die Große wünscht ihn da hin, wo der Pfeffer wächst. Luna macht immer mehr den Eindruck, als dächte sie: »Scheiße, der ist ja gar nicht zu Besuch. Der bleibt ja vielleicht für immer.«

Sicherheitshalber beginnt sie, erzieherisch auf den Widerspenstigen einzuwirken. Bisher hat sie ihm die lange Beißwurst immer großmütig überlassen. Damit ist Schluss! Von einem Moment auf den anderen gewinnt Wiki kein einziges Zerrspiel mehr. Hoheit fordert ihn zum Spiel auf. Er darf auch gerne zehn Minuten mitzergeln. Aber dann ist Feierabend. Ein kurzer Blick, ein leises Knurren. Wiki lässt los und springt beiseite.

Manchmal wirken die Lektionen in beide Richtungen. Aus dem Kaustäbcheneinlauf haben beide etwas sehr Wichtiges für die Zukunft gelernt: Wiki hält gebührenden Abstand, wenn Luna einen Snack in den Pfoten hält, und Luna frisst das Zeug jetzt schneller.

So ausgiebig sich Luna bei anderen Gelegenheiten auf der Nase herumtanzen lässt, beim eigenen Napf ist definitiv Schluss. Nach einem Vormittag voller massiver Grenzüberschreitungen, Unfug und Übermut ist Wiki der Ansicht, man müsse jetzt dringend über Futternäpfe sprechen. Vor allem über den, der vor Luna steht und noch halb voll ist. Daraufhin kriegt er von Luna nach allen Regeln der Kunst den Hintern versohlt.

Fremde Nase im Essen?

Da versteht Madame keinen Spaß.

Wer's nicht glaubt, wird genäht!

So wie Schulkinder einen Stundenplan haben, hat dieser kleine Hund einen Mistbauplan.

04:30
An Lunas Hals herumkauen.
Das Knurren als wohlige Zustimmung interpretieren und weitermachen.

05:30
Sich vor Zweibeinerbetten aufstellen. Bellen, fiepen, heiser jaulen.
Unbedingt fünf Minuten durchhalten, auch wenn sich keiner regt.

06:30
Eine Unterhose erbeuten und zerkauen.
Einen Schuh annagen. Die Teppichfransen weiter bearbeiten.

06:35
Eine Wäscheklammer verzehren.
Erkenntnis: Unbedingt die Drahtfeder ausspucken!

06:40
Jammern!
Darauf hinweisen, dass man nach Feddersen-Petersen geistig und körperlich überhaupt nicht ausgelastet ist und den Morgen notfalls selbst gestalten wird, worüber nicht jeder der Anwesenden erfreut sein dürfte.

06:45
Wirkt immer.
Zweibeiner stehen auf.

07:15
In den Garten gelassen werden. Heimlich gebuddeltes Zaunloch suchen.
Abhauen und beim Nachbarn die Enten um den Teich jagen.

07:20
Luna, die den Ausreißer zurückholen soll, die Faszination der Entenjagd zeigen.

07:25
Eingefangen werden. Anschiss kassieren.
Schwer beeindruckt sein.
(Gelungene Simulation.)

07:26
Über den Zaun in den Garten zurückgeworfen werden.
Durch das nicht verstopfte Loch umgehend wieder abhauen.

07:30
Erneut eingefangen werden. Doppelanschiss kassieren.
Zusehen müssen, wie das Loch mit Baumscheiben verstopft wird.

10:45
In den Garten schleichen.
Baumscheibe zwischen die Zähne nehmen und wegtragen.

10:46
Sehr schwer!
Nicht wegrennen können. Erwischt werden.

10:50
Bei verschlossener Terrassentür in der Küche Trübsal blasen.
Luna beim Pennen zugucken. Tempos kauen.

11:30
Spätes Frühstück. Nicht satt werden.
Lunas Napf ernsthaft in Betracht ziehen.

11:32
Die haut zu!!!!!!
Die meint das ernst!
Menno!
Aua!
Brustwunde entgegennehmen.

11:33
Grummeln. Rummaulen. Wunden lecken.

13:33
Sich bei Luna entschuldigen.
Scheitern.

16:00
Zum Tierarzt fahren. Wieso?

16:10
Düdelödeldadel, was is'n jetztssssss?
(Vollnarkose.)

16:15
Tsssssssssssss.
(OP. Ein Fangzahn ist tief in den Pectoralis eingedrungen. Wird mit fünf Stichen genäht. Kein Gegenbiss zu finden. Lässt darauf schließen, dass Luna nicht zugebissen hat. Wiki muss mit breiter Brust in den Reißzahn gesprungen sein. Teufelskerl!)

16:30
Dadeldödeldüdel, hallo? War was?
(110 Euro.)

17:30
Wieder daheim.
Violettes T-Shirt angezogen kriegen und bescheuert aussehen.
Ein bisschen wanken und Mitleid erregen.

19:00
Treppe runter und raus in den Garten.
Pectoralis tut weh. Alles Scheiße.
Nie wieder Fremdnapf.
Blödarschkuh!

19:30
Abendessen. In den eigenen Napf starren.
Bloß nicht rüberschielen jetzt!

20:00
Drei Folgen *Mad Men* gucken.
Keine Hunde, nur Werbefuzzis.
Langweilig.

22:30
Treppe runter und … aahhh.
Nie wieder Fremdnapf.

23:00
Ins Zweibeinerbett mogeln.
Ächzen vor Schmerzen, um nicht rausgeworfen zu werden.
(Keine gelungene Simulation.)

23:01
Dielen sind doof.

23:10
Im Gemach herumstolzieren. Hinken!
Zweibeiner auf den verletzten Brustmuskel hinweisen.
Erneut Bettasyl beantragen.

23:20
Unverrichteter Dinge ins Körbchen trollen. Ächzen!
Gelangweilt am Körbchen zupfen.
Bettruhe.

04:30
LINGELING!
Sich auf den neuen Tag freuen und allen schon mal Bescheid sagen!!!

Ein ganz normaler Tag im Leben dieses kleinen Hundes. Ich kann nicht behaupten, dass er Lunas und unser aller Leben entspannt. Aber wer will das schon. Täglich schnappatmend am Rande des Nervenzusammenbruchs entlangzuspazieren, das ist das wahre Leben!
 Und Madame?
 Der wahnwitzige Tumult lässt sie, sofern es nicht um ihren heiligen Napf geht, völlig kalt. Luna hält sich strikt an die unter Hunden beliebte Devise *Nur Ignorieren bringt Frieden* und lässt den ungestümen Knaben abperlen.
 Respekt!
 In gelangweilter Gleichgültigkeit verharren, während dir eine Hornisse am Hals herumkaut – das musst du erst mal bringen.

Killerhunde im Blutrausch

Was für ein sturer kleiner Kerl. Wenn ich nur an seinen Narkosewiderstand denke. Nein, ich will nicht sitzen, will nicht sitzen, will nicht sitzen.

Bums!

Na gut, aber liegen will ich nicht, will ich nicht, will ich nicht.

Bums!

Aber der Kopf bleibt oben, Kopf bleibt oben, Kopf bleibt oben.

Bums!

Aber die Augen bleiben offen, offen, of…

Dieselbe Dickschädeligkeit treibt ihn denn auch dazu, sich die Fäden selbst zu ziehen. Leider ungefähr acht Tage zu früh. Eines Nachts schiebt er sein weißes Genesungshemdchen aus Feinripp beiseite und macht sich an der Heldenbrust zu schaffen. Mir ist schleierhaft, wie er mit den Zähnen da hinkommt. Es ist in etwa so, als würden Männer versuchen, an ihren Brustwarzen zu knabbern. Und zwar, bis das Blut spritzt!

Luna liegt daneben und schaut sich die Schweinerei gelassen an. Mit dem Antrag auf den Friedensnobelpreis werde ich noch warten. Wenn Madame Monat für Monat dreißig Tage stillhält, nur um Wiki am einunddreißigsten Tag zum Tierarzt zu prügeln, ist das aus Sicht des Komitees sicherlich nicht auszeichnungswürdig.

Anderntags wird der Knabe von seiner Tierärztin bei lebendigem Leib geklammert. Sie verzichtet auf Narkose. Narkose sei nicht ungefährlich, meint sie, und es seien doch sowieso nur zwei Drähtchen.

Wiki macht ein Spektakel, als würden ihm die Innereien

entfernt. Seit er den anwesenden Damen zu verstehen gegeben hat, dass sie sich selber tackern sollen, wenn sie unbedingt jemanden tackern wollen, und wenn er mit ihnen fertig sei, hätten sie auch allen Grund, sich selbst zu tackern, trägt er ein adrettes Nylonmaulkörbchen.

Tack! Tack! Die beiden Klammern quittiert er mit leisem Fiepen, das zum hysterischen Gekreisch anschwillt, als zur Kühlung Aluminiumspray aufgetragen wird. Da kenne sich noch einer aus. Anschließend hat Wiki auf der Stelle, sofort und umgehend alle wieder lieb.

Auch die Wehtuer!

Wo wir gerade in der Praxis sind, wird auch noch die Beule an seiner Brust angestochen, in der sich etwas Wundwasser angesammelt hat. Die Brühe läuft ins Feinripphemdchen. Das sieht mittlerweile dermaßen versifft aus, dass meinem Mister Proll zur Vollendung eigentlich nur noch eine Flasche Bier fehlt.

Und ein Ei, das unten zur Unterhose heraushängt!

Er rülpst ja auch grundsätzlich nach dem Essen.

Zu Hause angekommen, tauschen wir sein Unterhemd gegen ein strahlend rotes T-Shirt. Damit verschwindet er spurlos. Das fällt mir zwei Stunden später auf. Ich suche ihn im ganzen Haus. Irgendwann bemerke ich, dass er die ganze Zeit hinter meinem Rücken auf der Couch liegt.

Rotes Leibchen auf roter Couch. Er ist nahezu unsichtbar.

Ein Jahr später wird Robert Downey jr. diese Technik in *Sherlock Holmes 2* nahezu perfekt beherrschen. Er verschwindet in Sesseln und vor Tapeten und nennt es *Urban Camouflage*. Der Kinobesucher staunt – für Wikibesitzer ein ganz alter Hut.

Mein eigener Tagesplan in Wikis Rekonvaleszenzphase ist relativ überschaubar. Um nicht in Hysterie zu verfallen, habe ich nur drei persönliche Termine:

08:00 Tablettenausgabe

14:00 Tablettenausgabe

20:00 Tablettenausgabe

Emotionsflexibel veranlagter Ersthund, renitenter Zweithund, zwei prügelnde Kaninchen, drei energische Teenager, ein bockiges Elternpärchen und eine glimmende Lunte namens Pubertät – in dieser feuergefährlichen Zusammensetzung rauscht und scheppert unsere sozial gemischte Gruppe durch die Feiertagskurven hinein ins neue Jahr.

Die Geschwindigkeit nimmt ruckartig zu, immer schön nach Jochen Knollmanns Motto *Was nicht mit Gas geht, geht mit viel Gas*. Der muss es wissen. Bevor er vor mehr als zwei Jahrzehnten mein allererster Chef war, ist er Rallye gefahren.

Jeder Jugendliche im Haushalt – dazu zählt auch das vierbeinige, schwarzweiße Geschoss, das zum ersten Mal mit uns Silvester feiert – drückt auf die Tube, so fest er kann. Zum Nachtisch werden Nitroglyzerinplätzchen gereicht.

Luna hat eine gespaltene Kralle, weil sie dringend unter einer Eisplatte etwas Unaussprechliches freibuddeln musste. Nun trägt sie wie letztes Jahr eine rosa Socke mit silbernem Panzertape. Ganze zehn Minuten lang. Dann ist Nachtschwester Wiki dabei behilflich, die Socke auszuziehen. Das gute Stück wird brüderlich geteilt, das heißt brachial in der Mitte auseinandergerissen, eingespeichelt und zerkaut.

Bei der Vergabe von Kosenamen stelle ich fest, dass man dazu neigt, große Tiere kleiner zu machen und kleine größer.

Luna, vierzig Kilo, arme Maus!

Wiki, sechzehn Kilo, feiner Bär!

Irgendwie bin ich schon froh, dass keiner zuhört.

Luna laboriert übrigens nicht nur an einer gespaltenen Kralle, sondern auch an einer ebensolchen Persönlichkeit. Während zu Hause Frau Doktor Jekyll bedächtig in sich ruht, zieht draußen Mrs. Hyde eine Schneise der Verwüstung. Sie will unter einem dumpf dieselnden, gelbe Tonnen zerquetschenden Mülllaster hindurch, um auf der anderen Seite Bauer Fürmanns Wolfi zu verhauen.

Da steht man aber saublöd da mit seiner positiven Bestärkungswurst!

Überhaupt erfreut das neue Jahr von Anfang an mit erfrischenden Variationen an aufmüpfigem Verhalten. Wiki rennt jetzt nicht nur immer der Postbotin hinterher, nachdem er über den Zaun gesprungen ist. Nein, nein. Manchmal platzt er auch wie eine Haubitze zwischen die von den Terrakottakriegern zwangsernährten Katzen.

Bei diesen Gelegenheiten frisst er nachmittags um drei in aller Seelenruhe und von uns unbemerkt sämtliche Katzennäpfe leer, belästigt kurz darauf die Umgebung mit Darmwinden und setzt zwölf Stunden später, wenn die für fiepende Hunde Verantwortlichen im Koma liegen, einen Riesenhaufen ins halb renovierte Badezimmer.

Wie soll ich den Duft beschreiben, der von diesem Ding ausgeht?

Sagen wir mal so: Im heißen Sommer verendete irgendwo im Zwischenboden des Schlafzimmers eine Maus. Wogen fieser Verwesung waberten um mein Bett. Erst süßlichfleischern, dann fauligmadig, gegen Ende dominierte ein unangenehm metallener Geruch, der nach und nach verduftete und schließlich verschwand.

Jetzt liegt ein Stockwerk tiefer dieser Haufen im Bad, und

die Kernfrage lautet: Kann man sich nach dem Gestank einer toten Maus sehnen?

Man kann!

Während ich würgend die Hinterlassenschaft beseitige, wird mir klar, dass die Zeiten, wo Tage einfach so dahinplätschern, ein für alle Mal vorbei sind. Hier plätschert nichts mehr. Es fühlt sich eher an, als stürze man in einem Fass die Niagarafälle hinunter. Das Doppel-Pack läuft sich warm. Einige Nummern sind bildzeitungsreif. Zumindest könnten sie mit den entsprechenden Schlagzeilen versehen werden.

Lustreport 2012 – Sex am Herd

Luna ist die Gleichmut in Person. Eingerollt wie eine Boa constrictor imperator zuckt sie nicht mit der Wimper, wenn Wiki wie ein Flummi durch die Küche hüpft und ihr auf die Nase tritt. Ebenso wenig zeigt sie eine Reaktion, wenn der vierzehn Monate alte, pubertierende Schwerrüpel massives erotisches Geschütz auffährt und an ihrem Hals knabbert. Sie rührt sich nicht. Mister Lova-Lova ficht das nicht an. Er verstärkt unverdrossen seine Bemühungen. Virtuose Verführungskunst sieht anders aus. Irgendwie erinnert er an einen schwer atmenden Vierzehnjährigen, der an seinem ersten BH werkelt. Luna gähnt.

Mörderlabbis greifen an

Wenn Wiki irgendwo hinwill und nicht hinkommt, weil die Leine zu Ende ist, legt er sich mit seinem ganzen Gewicht auf die Erde und robbt auf allen vieren weiter. Selbst beim Fahrradfahren steckt er seinen Rüssel noch metertief in die Mauselöcher. Auf einmal stelle ich fest, wie sensationell ruhig Luna am Fahrrad läuft – im Gegensatz zu diesem wuselnden, propellernden Etwas.

Solange keiner kommt! Nach wie vor verliert Luna bei Hundegegenverkehr explosionsartig die Contenance, die sie zu Hause so bewundernswert wahrt.

»Du suchst Streit, Mann? He, du hast ihn gefunden!«

In der Baumschule oberhalb unseres Viertels müssen gleich zwei Labbis dran glauben. Die Rüpel stürzen sich im Doppelpack auf uns, einer mutiger als der andere. Luna spuckt ihr oberschenkeldickes Stöckchen aus und krempelt die Ärmel hoch, ich schmeiße das Fahrrad in den Graben – und dann gehen wir gemeinsam auf die Saubande los. Der Schlachtenlärm ist nicht zu überhören. Es knurrt und faucht, scheppert, flucht und schnappt. Wo sind eigentlich die Besitzer der beiden? Im Wachkoma?

Kurz bevor es blutig wird, tauchen die Schlaftabletten endlich auf. Anstatt ihre Giftpilze einzusammeln, schnauft die eine nur: »Oh, das hatten wir neulich schon mal.« Die andere bringt den Klassiker aller ahnungslosen Hundewiesendeppen, die sich hinterher über astronomische Tierarztrechnungen wundern: »Die regeln das schon unter sich.«

Gerne würde ich ein paar Worte zum Thema Rücksichtnahme verlieren, bringe aber nur ein zischendes »Rgln? Solln der Schßßß?« zustande, weil ich alle Kräfte brauche, um Luna zu bändigen. Die schickt sich gerade an, »das« zu regeln – und zwar final. Die beiden schnaufen nur und gehen kommentarlos weiter.

Ich bin dafür, dass man Hundehalter straffrei hauen darf.

Einmal im Quartal.

Gans (4) metzelt Bestie (1)

Wiki büxt von zu Hause aus und stürmt kamikazeartig den Garten des Nachbarn. Dort stürzt er sich in den Nahkampf mit einer riesigen weißen Gans, die er im Stil einer Flugabwehrrakete aus der Luft fischt, als sie über den Zaun flattern will. Federvieh und Heidewachtel – so der kleine Münsterländer im liebevollen Volksmund – liefern sich ein wildes Scharmützel, bei dem gottlob kein Blut fließt, aber eine Hundeschnauze eingedellt wird und eine Handvoll Federn fliegen.

Der Nachbar ist außer sich vor Zorn. Immerhin hat er seine Gans aus dem Ei großgezogen. Er schnappt sich den zappelnden Wiki und sperrt ihn kurzerhand in den Schuppen. Untersuchungshaft wegen Fluchtgefahr. Formaljuristisch geht das in Ordnung. Ich trage mit einer Flasche Rotwein zur Senkung des nachbarlichen Blutdrucks bei. Der Hinweis auf Wikis geistige Unzurechnungsfähigkeit verbunden mit der klassischen Beschwichtigungsformel »Er hatte eine schwere Jugend« rückt die Verhältnisse wieder gerade.

Eingehende Untersuchungen ergeben, dass die Gans quietschfidel ist.

Der Delinquent wird aus der Haft entlassen.

Ich kann ihn mit nach Hause nehmen.

Beton-Boom! Bauwirtschaft im Aufwind

Morgen fülle ich die Löcher im Gartenzaun mit vierzehn Kubik Flüssigbeton.

Wollen doch mal sehen!

Dass ich alle Zaunlöcher im Schweiße meines Angesichts geflickt oder verstopft habe, ist zwar lobenswert, kümmert Wiki aber nicht weiter. Er springt jetzt drüber.

Kurzer Anlauf, kraftvoller Absprung, eleganter Zwischenstepp auf den Spitzen des Staketenzauns, sichere Landung – bums und weg! Eventuell könnte man leichte Abzüge in der B-Note geben, weil die beiden Schlappohren beim Fliegen nicht exakt im gleichen Winkel abstehen.

Das erste Mal hüpft er über den Zaun, um die Postbotin zu verfolgen. Sie hat immer Schmackos dabei, und er will noch ein zweites. Dummerweise gibt sie es ihm. Seither sitzt das Verhalten, als ob es monatelang geprägt worden wäre.

Er büxt aus und rennt Marie und Lotta hinterher.

Er büxt aus und guckt, was in der Willbeck los ist.

Er büxt aus und schaut bei Bauer Fürmann nach dem Rechten.

Retour geht es auf dem gleichen Weg. Im Garten wird er jedes Mal erwartet. Sobald er auf dem Rasen landet, steht Luna da und versohlt ihm den Hintern.

Ich weiß nicht genau, weshalb.

Wegen Unbotmäßigkeit oder Schmackos-Erschleichung oder einfach, weil es mal wieder sein muss und es sowieso immer den Richtigen trifft.

Irgendwann fischt er im Vorüberfliegen eine Meisenkugel vom Baum. Da will Luna ihn erst recht vermöbeln. Die Meisenkugel gibt er aber nicht her. Den frisst er komplett auf, während die Große ihn durch den Garten jagt. Als sie ihn schließlich stellt, kann er ihr nur noch das leere, grüne Netz anbieten.

Wie kann man kauen, schlingen und schlucken, während man in wilden Achten um zwei Gartenhäuschen herumrast?

Das ist alles sehr, sehr komisch.

Als er Stella die Hand blutig beißt, hört der Spaß auf.

Entscheidung auf dem Pommes-Acker

Wie bringt man Teenager dazu, ihre Zimmer aufzuräumen? Ganz einfach. Man holt einen durchgeknallten Halbterrier aus dem Tierheim, schickt ihn mit einem freundlichen Klaps auf den Po durch die Haustür und sagt:

»Das ist jetzt alles deins.«

Eine der angenehmsten Folgen nach Wikis Einzug ist der ausbrechende Sauberkeitsfimmel auf allen Etagen. Bloß nichts mehr auf dem Boden liegen lassen! Keine Klamotten außerhalb der Schränke aufbewahren! Leere Müslischälchen, Joghurtbecher und Chipstüten sind absolut tabu! Verzehr von Speisen nur noch unten in der Küche!

Trotz aller Vorsicht kommt der Kerl voll auf seine Kosten. Am liebsten hängt er mit den Halbstarken in Maxens Zimmer herum. Da fällt immer etwas ab, und sei es nur ein Paar Chucks oder ein Snickers. *Erster Fehler!*

In der Probezeit lullt er uns mit seinem Charme ein. Hier etwas stibitzen, dort ein unerlaubtes Stück Kuchen futtern, hinterher unschuldig gucken, die Standpauke hinnehmen und den zweibeinigen Unmut einfach wegschmusen. Damit kriegt er uns immer rum. *Zweiter Fehler!*

Von Knurren oder Zähnefletschen ist in den ersten Wochen keine Rede. Das kommt erst, als er sich in seinem neuen Heim immer sicherer fühlt. Obwohl wir nun wirklich keine Anfänger mehr sind, überrascht es uns doch, dass da einer fauchend über seiner Beute hockt. Das sind wir nicht gewohnt. Solche Anwandlungen kennen wir von Luna nicht. Die gibt alles her. Eine leise, freundliche Aufforderung genügt. Wiki hingegen erstarrt und grollt. Es sieht zu niedlich aus, wenn der kleine Schmuser fauchend Dessous bewacht. Wir nehmen ihn nicht ernst. *Dritter Fehler!*

Ich nehme mich des Problems an und bringe ihm innerhalb einer halben Stunde mithilfe von Beiß- und Fleischwurst das Kommando *AUS* bei. Er begreift blitzschnell, dass es etwas Leckeres gibt, wenn er die Beißwurst hergibt. Sosehr er das Zerren auch liebt, bei *AUS* lässt er sofort los. Selbst wenn er an der Wurst hängend durch den Garten getragen wird.

In der Folge kann das *AUS* problemlos übertragen werden auf Socken, BHs, Altpapierknäuel, Isomatten, Bettdecken und sonstige wertvolle Non-Food-Artikel. Nur nicht auf Nahrungsmittel! Nahrungsmittel tauscht Wiki grundsätzlich nur gegen Sachen, die leckerer sind. Trockenfutter gegen Kaustange, Kaustange gegen Schweineohr, Schweineohr gegen ... keine Ahnung. Manchmal tauscht er auch gar nicht. Keine Chance! Dann verteidigt er seinen neuen Besitz mit Leib und Leben. Nähert man sich ihm, zuckt er zusammen. Sämtliche Muskeln stehen unter Hochspannung. Die Zähne schließen sich klackend um die Beute. Er wirkt wie eine Bombe. Oder zumindest wie eine Waffe mit gespanntem Hahn. Die Haltung sieht jedenfalls sehr professionell aus und schüchtert ein. Ich vermute, dass er bei seinen ersten Besitzern mit dieser Masche so oft durchgekommen ist, dass sie ihm in Fleisch und Blut übergegangen ist.

Seelenruhe und Furchtlosigkeit vorausgesetzt, kann ich dieses Knurren wegstreicheln. Wiki entspannt zusehends und lässt locker. Oder er ist zum Tauschen bereit. Oder zu gar nichts. Das macht jede Beutesituation zum Glücksspiel. Wird ein *AUS* dieses Mal funktionieren? Wird er tauschen? Bleibt er hart? Je nach Lage bestimme ich die jeweilige Strategie. *Vierter Fehler!*

Luna lässt sich von Wikis Gehabe überhaupt nicht beeindrucken. Entweder sie hat keinen Bock auf seine Beute, dann ignoriert sie ihn komplett, sodass er gar nicht erst knurren muss. Oder sie will haben, was er hat, und setzt ihr Vorhaben in Sekunden um. Sie faucht ihn massiv an, rempelt ihn beiseite oder geht mit Nachdruck auf ihn los, wenn er diskutieren will. Typisch Hund: Völlige Klarheit in der Aussage, Sekt oder Selters, keine Nuancen. Davon hätten sich die Zweibeiner im Rudel eine Scheibe abschneiden sollen. Haben sie aber nicht. *Fünfter Fehler!*

Stella betritt die Küche und traut ihren Augen nicht. Wiki steht halb auf dem gedeckten Frühstückstisch und frisst die Butter. Die rechte Tatze im Brötchenkorb, der Hintern noch auf dem Stuhl. Klumpen gelben Fetts hängen ihm an den Lefzen. Er sieht seine Widersacherin, sträubt die Nackenhaare und schlingt die Butter in immer größeren Brocken immer schneller hinunter.

Mit einem »HAUST DU WOHL AB, DU DRECKSACK! DU SPINNST JA WOHL!!«, bläst Stella Wiki vom Tisch. Er springt auf den Fußboden und geht zähnefletschend in Kampfstellung. Stella greift nach seinem Halsband, um den Butterkrieger eigenhändig aus der Küche zu schmeißen.

Wikis Kopf schnellt nach vorne wie eine Königskobra.

»Möchten Sie eine örtliche Betäubung?«, fragt der freundliche iranische Notarzt in der Ambulanz des Haaner Krankenhauses.

»Kommt darauf an, was Sie vorhaben«, sagt Stella.

Ich gehe vorsichtshalber in Deckung.

»Sie haben da vier ziemlich tiefe Löcher«, sagt er und sieht aus, als freue er sich diebisch über neue Herausforderungen an diesem medizinisch wohl langweiligen Samstagmorgen. »Zwei auf dem Handrücken – Biss – und zwei auf der

Handunterseite – Gegenbiss. Sie wissen, wie wichtig es ist, dass Hundebisse von innen nach außen heilen. Auf gar keinen Fall dürfen sich die Wunden an den Oberflächen zu früh schließen. Wenn in der Tiefe noch Keime sind, haben Sie in zwei Wochen ein richtiges Problem mit dieser Hand.«

»Also gründlich auswaschen und verbinden«, sagt Stella. »Dafür brauche ich keine Betäubung.«

»Ich werde noch Drainageröhrchen legen, damit das Wundwasser abfließen kann. Wenn Sie am Montag zum Hausarzt gehen, kommen die wieder raus.«

»Ich habe nur die dicken Röhrchen da, Herr Doktor«, sagt die Schwester.

»Die kann ich nicht gebrauchen«, sagt der Arzt. »Danke. In diesem Fall baue ich uns lieber ein Provisorium aus einem Gummihandschuh.« Er wedelt erklärend mit der Verbandschere in unsere Richtung. »Ich schneide zwei Gummifinger ab und ziehe sie durch die Löcher.«

»Jetzt hätte ich doch gerne eine Betäubung«, murmelt meine blasse Frau.

»Ich auch«, sage ich.

»Aha«, sagt der Arzt.

Nachdem die Spritze wirkt, nimmt er Stellas verletzte Hand, schiebt die gebogene Spitze einer Moskitoklemme durch das linke Loch im Handrücken und werkelt so lange unter der Haut, bis die Spitze zum rechten Loch wieder herauskommt. Dort klemmt er den abgeschnittenen Gummifinger in die Zahnung und zieht ihn unter die Haut. Als er damit fertig ist, hängt aus jedem Loch eine ungefähr gleich lange Gummistrippe heraus. Der Doc verknotet die Enden. Dann zieht er die gleiche Nummer an Stellas Handunterseite durch.

Irgendwie erinnert das alles an ein Wüstenlazarett im

hintersten Winkel der Dasht-e Lut im iranischen Hochland. Warum man im Wissen um diese metzgermäßige Prozedur überhaupt noch fragt, ob der Patient eine Betäubung wünscht, ist mir schleierhaft. Vermutlich hatte der Doc in der Vergangenheit vermehrt mit Patienten zu tun, die nur ein Beißholz und eine Flasche Whiskey brauchen, wenn ihnen das Bein amputiert wird.

Zum Schluss wird der Arm mit einer Gipsschiene ruhiggestellt und ordentlich verbunden. Ich bin skeptisch, ob das alles richtig ist. Wir sind doch hier nicht im Krieg, sondern im Rheinland.

Unser Hausarzt wird am Montag den Verband öffnen und sagen, er habe noch nie eine so saubere, effiziente und hervorragende Erstversorgung bei einem Hundebiss gesehen.

Stella, ich und die Hunde spazieren über den Pommes-Acker hinter der Baumschule. Hier findet man auch Monate nach der Kartoffelerntezeit noch kleine Knollen. Das nutzen beide Hunde, um typisch rheinische Küchentraditionen zu pflegen und nach Herzenslust *Himmel un Ääd* zu futtern. Die runzligen Kartoffeln fressen sie roh vom Acker, und wer auf Entfernung *Sitz* macht, kriegt noch ein Bröckchen Blutwurst dazu.

Luna schürft in unserer Nähe nach Bodenschätzen.

Wiki saust kreuz und quer über das Feld und schlägt sich die Wampe voll. Er sieht aus wie ein Kriegsversehrter. Frisch vernähte Brustwunde, am Hals das vom Anpiksen zwar kleiner gewordene, aber immer noch beulige Hämatom mit Wundwasseransammlung. Dazu passend trägt er sein versifftes Feinrippleibchen.

Meine erboste Frau sieht ähnlich derangiert aus. An ihrem dicken Anorak baumelt ein leerer Ärmel. Sie deutet mit dem eingegipsten Arm auf den kleinen Hund, der mit vollen Backen Kartoffeln mampft.

»Was haben wir uns da eingebrockt«, sagt sie. »Luna ist im Haus ein Traum und draußen eine Granate. Damit konnte ich gut leben. Ich gehe ja nicht mit ihr spazieren. Jetzt kommt diese kleine Sau und dreht den Spieß um.«

»Draußen ein Traum und drinnen eine Granate«, nicke ich.

»Genau«, sagt Stella. »Bisher hatten wir wenigstens in unserem Haus mit Hunden keine Probleme. Das ist jetzt vorbei. Der beißt sogar. Das tut saumäßig weh, kann ich dir sagen.«

»Ich weiß«, sage ich.

»Ich bin wirklich froh, dass der erste Arzt seinen Job so gut gemacht hat.«

Ich rücke vorsichtig den Fausthandschuh zurecht, der von der Gipshand zu rutschen droht.

»Es muss etwas passieren. Sonst fliegt der Knabe raus!«, sagt sie.

»Das Problem ist, dass er in seiner Prägephase tun und lassen konnte, was er wollte. Und jetzt ist er in der Pubertät und gleichzeitig in einer völlig neuen Umgebung.«

»Das ist mir scheißegal!«, sagt Stella. »Der hat keinen anzugreifen. Stell dir nur mal vor, da sind Besuchskinder im Haus, und der kriegt einen seiner Anfälle. Wegen dämlicher Bonbonpapierchen oder was weiß ich.«

»Im Moment hinterfragt er alles. Er kommt nicht in die Küche, er besteht darauf im Garten zu bleiben, er verteidigt die Hasen, er reißt an meinen Hosenbeinen, er legt sich mit einer Bordeauxdogge an, er brennt durch. Neulich Abend zischt er die Waldböschung hoch und buddelt oben auf dem freien Feld nach Mäusen. Marie und ich finden ihn in der Dunkelheit überhaupt nicht mehr. Wahrscheinlich, weil er bis zum Schwanz im Loch steckt. Nach fünfzehn Minuten rauscht er schlammverschmiert wieder an. Wieder zu Hause stellt er fest, dass die Küchentür offen ist, und haut zu einem Nachtausflug ab.«

»Ich erinnere mich.«

»Ja, das war der Abend, als du vom Elternabend nach Hause kamst und auf den letzten zweihundert Metern plötzlich ein fröhlicher, kleiner Hund neben deinem Auto her hüpfte. Ich glaube einfach, der hat die Probezeit überstanden und lässt jetzt die Sau raus.«

»Das mag alles sein. Aber wie schon gesagt, es muss etwas passieren, sonst ...«

Wiki rennt im Zickzack über den Kartoffelacker. Es sieht so aus, als käme der Fährtenjunkie wieder durch. Als er endlich umkehrt und auf uns zuläuft, fängt Luna ihn ab und gibt ihm eins auf den Deckel.

Danach muss er mit ihr spielen, obwohl er gar nicht will. Bislang war es immer so, dass Wiki an Lunas Hals kaute, bis sie sich entweder ergeben ins Spiel fügte oder genervt abdrehte. Seit draußen Schnee liegt, ist es umgekehrt. Der Kleine hat den Kaffee auf, weil er nichts, aber auch gar nichts alleine unternehmen kann. Kaum sind die beiden draußen, rempelt die Alte ihn an und will balgen. Wenn er nicht mitmacht, hetzt und kloppt sie ihn minutenlang durch den Schnee.

»Ich will, dass die Knurrerei aufhört«, sagt Stella. »Wirklich! Stell das ab! Mach es meinetwegen wie Luna. Geh einmal massiv drauf, damit das Thema ein für alle Mal erledigt ist. Das darf der sich nicht noch einmal erlauben, sonst ist er weg.«

»Ich kann nicht zwei Hundeschulen absolvieren. Luna hat ja auch noch das ein oder andere Problem.«

»Dann soll sich Marie um den Kleinen kümmern«, sagt Stella. »Max beginnt demnächst mit seiner Kochausbildung, und Lotta ist in der Schule total eingespannt. Die beiden haben dafür keine Zeit. Marie kann die Grunderziehung in der Hundeschule übernehmen. Du kümmerst dich um Wikis Beuteproblem und um Lunas Ausraster. Du bist der harte Knochen.«

Eine Weile gehen wir schweigend übers Feld.

»Würdest du ihn wirklich rausschmeißen?«, frage ich.

»Wahrscheinlich nicht. Ich bin ihm ja nicht einmal böse, dass er mich gebissen hat. Das war meine eigene Blödheit. Außerdem passt er zu uns. Den kannst du totschmusen. Der hält ewig still. Luna mit ihren sechs Jahren wird dagegen immer eigener. Sie zieht sich oft zurück und will nicht gekrault werden.«

»Er hat sich also wieder bei dir eingeschleimt.«

»Ja, hat er.«

Wiki hat Luna abgeschüttelt und stöbert weiter nach Kartoffeln. Luna kommt sich eine Portion Blutwurst abholen.

»Und, ist das mit Wiki jetzt beschlossene Sache?«, fragt Stella daheim.

»Ja, abgemacht. Ich kümmere mich darum.«

»Gut. Ich will ihn nämlich behalten.«

»Ich auch. Außerdem ist so ein Tierheimhund praktisch für mein versautes Image in der Nachbarschaft. Wenn der Hund, den du vom Welpenalter an großgezogen hast, Scheiße baut, helfen keine Ausreden. Das hast du alles selber verbockt!

Aber wenn dein Tierheimhund etwas anstellt, kannst du immer und überall und bis ins hohe Alter darauf verweisen, dass er eine schwere Kindheit hatte.«

Plötzlich scheppert in der Küche der Toaster auf die Fliesen, und der Korb mit den Wasserflaschen kippt um. Wiki flitzt unter dem Tisch hindurch und hopst auf Lunas Decke. Luna springt auf den kleinen Kerl, nimmt ihn in den Schwitzkasten und dreht ihn einmal durch die Mangel.

Danach rasen beide Hunde zum Fenster und krakeelen einen nicht vorhandenen Besucher an. Das Spektakel hört gar nicht mehr auf.

»Dieser Radau nervt!«, sagt Stella. »Sprich ein Machtwort.«

»MACHTWORT!!!«, schreie ich aus voller Kehle.

Beide Hunde verstummen und sehen mich verblüfft an.

Sehr gut! Es gibt also noch Hoffnung.

Die Schul-Schwänzler

»Rotes Mützchen, gelber Schlauch,
grüne Ampel, blauer Hund?«
»Hundeschule!«, sagt Peter.
»Gestörte helfen Gestörten.«

Sind wir nicht alle ein bisschen Krause?

Auf dem Herd brutzeln rote Zwiebeln und Äpfel in einem Sud aus Johannisbeergelee und Balsamico. Im Backofen duften fünf kross gebratene Entenbrüste unverschämt lecker vor sich hin. Wären wir in China, läge jetzt allerdings kein Geflügel im Ofen, sondern ein Münsterländerjackrüssellbraten mit Senfrosmarinkruste.

Wir sind aber nicht in China, sondern in Walters Küche im Düsseldorfer Stadtteil Gerresheim und warten geduldig darauf, dass die Entenbrust gar wird. Einmal im Jahr findet das traditionelle Entenessen der Toskanarunde statt. Der Anlass des allerersten Entenessens im Jahre zweitausendbums war die Planung der gemeinsamen Toskanafahrt im Mai. Mittlerweile sind wir Routiniers. Der Planungsteil beansprucht gerade mal acht Sekunden und ist noch vor dem Aperitif erledigt.

»Sind dieses Jahr wieder alle dabei?«
»Ja.« – »Ja.« – »Hmp.« – »Jup.« – »Jep.«
»Wer sagt Signora Lombardi Bescheid?«
»Walter.«
»Prima. Danke, das wär's. Gibt's sonst was Neues?«
»Wiki hat Stella gebissen.«
»Wiki hat Stella gebissen?!?!«
»Wiki hat Stella gebissen.«
»So ein Drecksack!«
»Aber hallo«, sage ich und setze die Freunde kurz ins Bild. Auf den Kennenlernrunden habe er sich von seiner allerbesten Seite gezeigt. Auch beim Einzug habe er keinerlei Anlass

zu Klagen gegeben. Erst als er die Probezeit bestanden habe, habe er die Maske fallen lassen. Er klaue wie ein Rabe, zerkaue die teuersten Schuhe, hopse durch alle Betten. Er springe auf Tische, Küchenzeilen und Anrichten und mopse Kuchen, Wurst und frisches Brot. Er verteidige knurrend seine Beute, stelle die Ohren auf Durchzug und Fahrradfahrer auf Waldwegen, indem er sie wie ein Tornado umkreist und mit seiner Fünfmeterschleppleine einwickelt.

»Ach du Scheiße!«, sagt Juppi. »Das riecht nach schwer erziehbar.«

»Dabei habe ich gedacht, ihr hättet den ganzen Krausekram endlich hinter euch«, sagt Peter.

»Den Krausekram hat man nie hinter sich«, sagt Walter.

»Ich mach dir einen Termin beim Hundefühler. Wär das was?«, fragt Juppi.

»Bist du wahnsinnig?«, sage ich.

»Der hat sich den Titel Haustierverhaltenstherapeut selbst verliehen, ohne einen Finger dafür krumm zu machen«, sagt Ralf.

»Andere absolvieren dafür ein Studium«, sagt Walter.

»Darf der das?«, fragt Peter.

»Das darfst du auch«, sagt Walter. »Die Bezeichnung ist nicht geschützt. Jeder Honk kann daherkommen und sich ein Tiertherapeutenschild an die Tür nageln. Wir können übrigens essen. Die Ente ist so weit.«

»Hab ich euch eigentlich die Sache mit dem Denkmal erzählt?«, frage ich.

Eines Tages stolpere ich in einem Forum zufällig über einen Thread zum Thema Leinenführigkeit. Der Leidenschaft nach zu schließen, mit der die Diskussion geführt wird, handelt es sich um lauter zarte Fünfundvierzigkilodamen, die von Neunzigkilomolossern durch den Wald gezerrt werden. Sie klingen sehr besorgt und sind augenscheinlich auf der verzweifelten Suche nach praktikablen Maßnahmen, wie man des Problems um Himmels willen bloß Herr werden könnte. Mitten in diesen Diskurs platzt der Hundefühler mit der sensationellen Empfehlung: *Wenn man immer so schnell läuft, wie der Hund es gerade tut, käme es ja nicht dazu, dass der Hund an der Leine zieht.*

Nach dieser Offenbarung radle ich umgehend nach Millrath. Millrath liegt oberhalb des Neandertals. Direkt neben dem Friedhof befindet sich ein Teil des neu erbauten Wildtiergeheges. Zaunpfahl an Zaunpfahl reiht sich in einer langen Kette bis zum Horizont.

Ich schieße ein dynamisches Foto aller Pfosten und stelle es auf die Facebookseite der Krawallmaus. Über den erklärenden Kommentar muss ich nicht lange nachdenken: *Letzte Woche wurde im Neandertal das erste Krausedenkmal Deutschlands eingeweiht. Der Künstler widmet die Installation allen selbst ernannten Haustierverhaltenstherapeuten. Titel: 111 Vollpfosten.*

»Seither beschimpft er mich«, sage ich und säble an meiner Ente. »Linke Bazille, Krausehasser und so.«

»Und wie viele Bretter so einer wie du vor dem Kopf haben muss«, sagt Juppi und legt sich einen Schwung Zwiebelgemüse auf seinen Teller.

»Hast du mitgelesen?«

»Klar«, sagt Juppi. »Am besten fand ich die Stelle, als er versicherte, dass ihm dieses Scharmützel nicht das Geringste ausmache. Wer seiner Sache und seines Könnens so sicher sei wie er, habe einen persönlichen Schutzpanzer. Er sei mit dem Lotuseffekt ausgestattet.«

»Lotos?«, fragt Peter.

»Nein, Lotus!«, sagt Juppi.

»Möglicherweise ist mit seinem Lotus etwas nicht in Ordnung«, sagt Peter. »Vielleicht muss der mal in die Werkstatt, der Lotus.«

»Da muss noch viel mehr in die Werkstatt«, sagt Juppi. »Allen, die einen schwierigen Hund haben, empfiehlt er, unterwegs mit einem roten Gegenstand mal eben zu winken oder eine leuchtend rote Mütze aufzusetzen. Kann ich mal die Orangensauce haben?«

»Das ist der Hundehalterbegegnungsdeeskalationsmodus«, sage ich. »Wer Kontakt wünscht, winkt mit grün. Dann muss man nicht so viel reden.«

»Die ideale Technik für Eifler Hundehalter«, sagt Ralf. »Aber würde ein Berliner schweigen und winken?«

»Vermutlich nicht«, sage ich und erhebe mich feierlich. »Für den Berliner mit ungehorsamem Hund empfiehlt sich ein ganz anderes Verfahren. Meine Herren, ich darf zitieren: Stellen wir den Ungehorsam beim Hund doch einfach dadurch ab, dass wir ihm sofort die nötigen Gehorsam-zeigen-wirksamen-Signale geben, damit er keinen Ungehorsam mehr ausführen kann.«

»Ah-ha.«

»Das ist sein Ernst«, sage ich.

»Nein!«

»Doch! Und wisst ihr was? Es ist genial. Wenn dein Hund ungehorsam ist, muss er nur gehorsam sein – und schon ist er gehorsam. Das ist die hohe Schule des Consulting. Dieser Beratungsansatz lässt sich problemlos auf alles übertragen. Fernsehkoch? Wenn dein Soufflé im Ofen zusammenfällt, musst du es nur so zubereiten, dass es im Ofen nicht zusammenfällt – und schon fällt es im Ofen nicht mehr zusammen. Unternehmensberater? Wenn dein Laden rote Zahlen schreibt, musst du nur schwarze Zahlen schreiben – und schon schreibst du keine roten Zahlen mehr. ADAC Sicherheitstrainer? Wenn du zu schnell in eine vereiste Autobahnausfahrt fährst, musst du einfach nicht zu schnell in eine vereiste Autobahnausfahrt fahren – und schon fährst du nicht mehr zu schnell in eine vereiste Autobahnausfahrt.«

»Hat der arme Mann Kunden?«, will Peter wissen.

»Nein, er berät nur virtuell«, sagt Juppi.

Hundeforum > Erziehung > Münsterländer Nasenflummimix als Zweithund?
Heute 22:38 hundefühler #34
Anstatt dem INNERartlich abgestuften Aggressionsverhalten den Weg zu ebnen im augenblicklichen Hund-Hund-Zusammenleben (siehe Video!), verwaltest du deine Probleme nur. Sofortige Abhilfe verspricht die WIE WO WANN Methode. Empfiehlt froh und leise der Hundefühler.

Zum Beweis seiner exorbitanten Wiewowannerfolge stellt der Hundefühler Aufnahmen ins Netz, in denen ein dreizehnjähriger, vollständig erblindeter Hund kreuzbrav neben ihm den Rhein entlangtrabt. Von einem Zweithund weit und breit keine Spur.

Den haben dafür alle anderen auf dem Schirm, die sich in puncto Zweithundhandling so einig sind wie Sokrates und Xanthippe. Mittendrin ich, der aus Leibeskräften um Erleuchtung ringt.

Hundeforum > Erziehung > Münsterländer Nasenflummimix als Zweithund?
Heute 22:58 rudelpudel #38
Schau genau hin. Wenn Hund A im Türrahmen liegt und Hund B den Weg versperrt, dominiert A den B.

Hundeforum > Erziehung > Münsterländer Nasenflummimix als Zweithund?
Heute 23:04 Carino #39
Hallo?! Aber doch wohl nur dann, wenn B daraufhin abdreht.

Hundeforum > Erziehung > Münsterländer Nasenflummimix als Zweithund?
Heute 23:10 Schnecke #40
Nein, auch sonst. Rudelpudel hat recht. Beim Ausgangversperren ist die Rudelkonstellation glasklar. Als Mensch musst du das im Zusammenleben mit A zwingend berücksichtigen.

Hundeforum > Erziehung > Münsterländer Nasenflummimix als Zweithund?
Heute 23:18 wikiluna #41
Aber vielleicht will B in dem Moment ja gar nicht zur Tür hinaus und dreht deshalb ab?

Hundeforum > Erziehung > Münsterländer Nasenflummimix als Zweithund?
Heute 23:25 rudelpudel #42
Hallo, geht's noch? Bei so viel Ahnungslosigkeit würde ich das mit dem Zweithund aber mal ganz schnell lassen.

Hundeforum > Erziehung > Münsterländer Nasenflummimix als Zweithund?
Heute 23:30 Flora Müller #43
Kauf dir Meerschweinchen, du Anfänger! :wall :wall :wall :wall :wall :wall :wall

»So abwegig ist dein Einwand nun wirklich nicht«, sagt Juppi.
»Sieben Mauersmileys habe ich dafür bekommen«, sage ich.
»Was sind Mauersmileys?«, will Walter wissen.
»Knallrote, wütende Köpfchen, die im Gleichtakt mit der Stirn vor die Wand schlagen. Das tun die immer. Vierundzwanzig Stunden am Tag, sogar wenn man offline ist.«
»Das wäre mal ein Fall für den Arbeitsschutz«, sagt Peter.
»Smileys sollten in Foren sowieso verboten werden«, sagt Juppi. »Wer Smileys setzt, missbraucht kleine Wesen.«
»Am Montag rufe ich den Krause an«, sage ich. »Obwohl ich gar nicht will. Irgendwie langt's mir mit denen. Am Jaberg stand neulich ein umgebauter Krankenwagen mit der Aufschrift *Hundisch lernen mit www.derleitwolf.de aus Rommerskirchen.* Ohne Witz jetzt. Auf der Wiese haben Wiki und ich den Leitwolf dann entdeckt. Mit neun Schülern und vierzehn Hunden. Die machten alle *Kssscht*, hopsten breitbeinig um ihre Hunde herum und nahmen ihnen den Raum. Das sah sehr eigenartig aus. Außerdem hatten alle noch einen abgesägten, gelben Schlauch in der Hand und warfen ihn nach ihren Hunden. Irgendeiner hat mir am nächsten Tag erzählt, dass sei eine Schweizer Methode. Schlegel hieße der Erfinder. *Ksschten* und Schlauchwerfen scheint der neue Erziehungstrend zu sein. Man kann aber auch *Kssten* und einen Ausfallschritt machen. Darüber gibt es ein Buch von einer Krause, die in Berlin mit dem Hund tanzt.«
»Ich glaube, Hundehalter haben alle einen Hau«, sagt Walter und gießt großzügig Betäubungsmittel in die Gläser.
»Mach ruhig voll«, sage ich. »Ich bin noch lange nicht fertig. Es gibt welche, die starren auf die Rute ihres Hundes. Wenn sie runterhängt, ist das ein Zeichen von Gesprächsbereitschaft. Dann darf kommuniziert werden. Und zwar im Ampelsystem! Grün ist freundlich. Gelb ist warnend. Rot ist

Anschiss. Die nennen sich auch nicht mehr Hundebesitzer, sondern Piloten. Falls euch diese Farben nicht liegen, solltet ihr euch vielleicht mit dem Konzept *Blauer Hund* befassen. Damit bleibt ihr immer gelassen und sorgt für ein ausgeglichenes Wohlfühlbudget beim Hund.«

Meine hartgesottene Toskanarunde leidet zusehends.

Juppi schnauft hörbar.

»Hundeschule!«, sagt Peter. »Gestörte helfen Gestörten.«

Dabei habe ich ihnen noch kein einziges Wort von Nadin erzählt, der ein Krause empfohlen hat, stundenlang Schwarzbrot unter den Armen zu tragen und dann den Terrier damit zu füttern, damit der in Zukunft weiß, wo er hingehört. Ergänzend solle sie, da sie Dominanzprobleme habe, in Zukunft gefälligst in Anwesenheit des Hundes Sex haben, weil sich aus Hundesicht nur die Alphas paaren dürfen.

Meine Freunde wissen auch nichts von Kerstin, die sich auf Anraten Krauses zwei Stunden täglich ihren Junghund an den Bauch leint, um die Bindung zu verstärken. Und schon gar nichts wissen sie von Claudia, die neben ihrem frei spielenden Welpen stehen und unaufhörlich *spiiiiielen* und *liiiieb* quieken muss, damit der Hund merkt, wie sehr sie Anteil nimmt.

Nicht zu vergessen Franziska, die ihren Sechzigkilobrummer laut brüllend auf den Boden schmeißen soll, wenn er nicht hört. Vreni hingegen wird nahegelegt, mit ihrem um sich schnappenden Mischling acht Wochen lang ein antitraumatisches Maulkorbtraining zu absolvieren. Der Gipfel der Erziehungskunst: In der neunten Woche könne der Maulkorb das erste Mal behutsam aufgesetzt werden, aber nur für maximal dreißig Sekunden!

Claudia Zwei umarmt in der Dämmerung Mülltonnen, damit sie ihrem Bautz nicht mehr so unheimlich sind!

Auf Empfehlung einer Tierkommunikatorin soll Nicole

ihrer tauben Hündin Sheila *Der kleine Prinz* vorlesen, damit diese tiefentspannt die Begleithundeprüfung absolviert.

Marian möge bitte im Gewächshaus bei siebenunddreißig Grad trainieren, dann gebe der Hund schneller auf. Außerdem, so der holländische Krause weiter, gelte es zu beachten, dass ein handrückenleckender Hund dominant, ein handflächenleckender hingegen submissiv sei.

Susanne weigert sich heute noch, in einer Sprudelflasche Eigenurin mitzuführen, um über die Markierungen ihres Rüden zu pinkeln. Sie verprügelt auch nicht vor den Augen des Hundes das gebuddelte Loch mit der Leine und schimpft »*Pfui ist das!*« Kein Wunder, dass bei ihr nichts klappt.

Chris soll mit einer zusammengerollten Zeitung das Stuhlbein vermöbeln, das sein Welpe angeknabbert hat. Vom selben Krause stammt der Tipp, die Ohren der anderen Hunde mit Senf einzuschmieren, wenn der eigene Hund sich gerne in deren Ohren verbeißt.

Jeannine wird geraten, immer laut lachend und trällernd an anderen Hunden vorbeizuschlendern, damit der eigene Hund sich nicht verspannt. Nadjas Nachbarin stellt ihren Welpen in den Einkaufswagen und kariolt damit durch den Supermarkt, um ihn artgerecht an die Geräusche und die Leute zu gewöhnen. Sylvias Krause regt an, die Angst ihres Hundes vor Gewitter gemeinsam mit einer Flasche Bier auf der Parkbank auszusitzen.

Weil Zerren traumatisiert, kniet Yvonne im Wald bei strömendem Regen zwei Stunden lang vor ihrem Hund und hält sanft und bewegungslos den Ball fest, den der Hund in der Schnauze hat und nicht mehr hergeben will. Daniela erhält den Ratschlag, täglich Dominanz zu zeigen und vor jeder Mahlzeit zwei Brocken aus dem Hundenapf hinunterzuschlingen sowie alphamäßig vor der Haustür zu scharren.

Anett galoppiert kreischend und mit einem Würstchen wedelnd nach links, wenn ihr Beagle nach rechts läuft. An ihrem teuren, bereits bezahlten Gruppenunterricht kann sie leider nur aus einer Entfernung von neunhundert Metern teilnehmen, weil der Krause sie immer in die Gegenrichtung schickt, wenn es ihren Hund zur Gruppe hinzieht. »Ein Beagle lässt sich nicht erziehen«, erklärt er. »Man kann schon froh sein, wenn ein Hund dieser Art nicht die Koffer packt und geht.«

Anja sucht vier Stunden lang ihren Hund in der Pampa, nachdem Krause eine Klapperdose nach ihm geschmissen hat. Marikas Hund darf die Rehe nur ansehen, brennt aber trotzdem durch und muss auf jeden Fall gelobt werden, wenn er wiederkommt. Um ihren Hund vom Kotfressen abzuhalten, soll Dagmar Harzer Roller verfüttern und jeden Morgen auf alle frischen Haufen im Viertel Tabasco spritzen. Angela spuckt als vertrauensbildende Maßnahme in die Hände und reibt ihrem Hund zur Begrüßung damit die Lefzen.

Evas Beagle darf kein Lederhalsband tragen, weil ein Beagle ein Jagdhund ist und ein Lederhalsband ein totes Tier. Heike soll ihren unerziehbaren Terrier vor dem Training fünf Minuten am Garderobenhaken aufhängen, alles andere beeindrucke einen Terrier wenig.

Lisa legt an jedem Bordstein eine Vollbremsung hin und johlt erschrocken *Huch!*, damit ihr Hund zukünftig an Straßen von selber stoppt. Sabina wirft sich vor Schmerzen winselnd auf die Küchenfliesen, damit ihr Welpe aufhört, mit seinen Milchzähnen an ihren Händen zu knabbern.

Mustafas Krause lässt seine Kundschaft im Wald den Hund bürsten. Er nennt das Einzeltraining zum Bindungsaufbau. Neunzig Minuten kosten stattliche vierundfünfzig Euro.

»Liebe Gemeinde«, sage ich. »Erheben wir unser Glas und

trinken auf die Hundeerziehung und auf die Webseite *Bunter Hund*. Da bekommen Hunde das Brustgeschirr nach farbtherapeutischen Gesichtspunkten verabreicht. Die passende Farbe trägt zum Wohlbefinden bei, die unpassende bringt ihn aus dem Gleichgewicht. VON DER FARBE ROT IST STRENG ABZURATEN. ZUM WOHL!«

»Gib dem Mann mal einen Schnaps«, sagt Juppi zu Walter. »Der hyperventiliert ja gleich.«

»Ich brauche auch einen«, sagt Ralf. »Rotes Mützchen, gelber Schlauch, grüne Ampel, blauer Hund. Die haben sie doch nicht mehr alle.«

»Erinnert ihr euch noch an letztes Jahr?«, fragt Peter. »Die Brunellomethode? Orale Rotweingaben für Hundeführer?«

»Je besoffener das Herrchen, desto entspannter der Hund«, sagt Juppi.

»Blauer Halter statt blauem Hund«, sagt Walter.

»Lasst uns das ausbauen«, sagt Peter. »Wir machen uns mit einer Hundeschule selbstständig.«

»Therapiekonzept Blauer Halter.«

»Hervorragende Idee.«

»Auf uns Therapeuten!«

»Auf uns Therapeuten!!«

»Was nehmen wir pro Stunde?«

»Minimum zwohundert plus Steuer.«

»Moment, ich gebe euch meine Kontonummer.«

»Was therapieren wir eigentlich?«

»Ist das wichtig?«

Krause, der Hundetrainer für schwere Fälle, hört sich unser Problem ungeduldig an und konstatiert maximalen Erziehungsbedarf.

»Acht Stunden, zweihundertneunzig Euro«, schnarrt er ins Telefon. »Danach sehen wir weiter.«

Ich laufe kalkweiß an und frage mich entgeistert, wer das bezahlen soll und ob Marie diesem Job gewachsen sein wird. Schließlich habe ich mit Luna alle Hände voll zu tun. Während ich telefoniere, kraule ich Wiki am Hals. Der weiß genau, dass er sich bei mir keine Streicheleinheiten abholen kann. Das klappt nur, wenn ich nicht aufpasse. Beim Telefonieren zum Beispiel.

»Kraulen Sie etwa den Hund?«, fragt Krause misstrauisch.

»Nein, woher denn«, schwindle ich.

»Passen Sie bloß auf«, sagt Krause. »Das ist ein Tierheimhund.«

»Jaja«, beschwichtige ich.

»Nix jaja. Ein paar Streicheleinheiten zu viel, und er wird immer dreister. Einmal auf den Schoß genommen, und der geht über Tische und Bänke. Nicht vergessen: Terrier drin!«

»Öhm«, sage ich.

»Wer war denn auf dem Tisch und hat die Butter gefressen und bei der Gelegenheit gleich Ihre Frau gebissen?«, herrscht Krause mich an. »Wer denn, hm?«

»Bfff«, sage ich.

»Na eben! So! In einer Woche sehen wir uns. Bis dahin stellt ihr den Scheiß mit dem Schuheklauen ab. Ab heute ist Sense mit Beute. Hahaha! Gedicht! Gut, was!«

Um Wiki das Klauen nachhaltig zu versauen, sollen wir ihm den Diebstahl möglichst unangenehm gestalten. Krause rät, alle Schuhe im Regal zusammenzubinden und den ersten der Kette als Lockvogel auf dem Boden zu platzieren. Wenn Wiki sich den schnappe, gehe ein polternder Schuhregen auf ihn hernieder. Vor dem Auflegen geht Krause noch jede Wette ein, dass Wiki danach keinen einzigen Schuh mehr mopse.

Stimmt ja auch irgendwie.

Wiki nimmt keinen einzigen Schuh mehr. Er nimmt jetzt alle. Er schleift die Schuhkette durchs Haus und teilt sie mit seiner Rüdin. Von unserem Knotenfirlefanz lässt er sich nicht eine Sekunde beeindrucken.

Dafür haben alle Zweibeiner im Haus einen dicken Hals, weil die Methode zumindest bei ihnen nachhaltig Wirkung zeigt. Die Mädchen finden ihre Chucks nicht mehr, und mein guter Budapester ist unlösbar mit den Sneakers meines Sohnes verknüpft.

Ein Pils für den jungen Mann

Marie schmeißt die Jacke in die Ecke und lässt sich erschöpft auf einen Küchenstuhl sinken. Der kleine schwarzweiße Hund neben ihr sieht so glücklich aus, als hätte er gerade eine Landmetzgerei ausgeraubt.

»Na, wie war die dritte Stunde?«, frage ich, während mir die Zwiebeltränen die Wangen hinunterlaufen. Das Nudelwasser blubbert. Die ganze Küche riecht nach Bolognese.

»Es ging so«, sagt Marie. »Wiki kann jetzt *Platz*. Aber es war megapeinlich.«

»Warum?«

»Wir durften uns nicht mehr runterbeugen und die Hunde mit Leckerchen ins *Platz* locken, sondern mussten aufrecht stehen bleiben und warten, bis der Hund sich legt. Der Trainer ist doof.«

»Komm«, sage ich. »Das ist wirklich eine gute Hundeschule. Außerdem hätte es noch viel schlimmer kommen können. Ich kenne eine, die musste auf Krausebefehl stundenlang Schwarzbrot unter den Achseln tragen.«

»Bäh.«

»Doppelbäh! Wie lange hat es bei Wiki denn gedauert, bis er sich hingelegt hat?«

»Zwanzig Minuten!!!«, sagt Marie und wirft ihrem unschuldig wedelnden Schützling einen messerscharfen Blick zu. »Du Vollhorst!«

An diesem Nachmittag sind im Wald bei Gruitens Grube Sieben zwei Urgewalten aufeinandergeprallt. Offensichtlich ist der kleine Hund mindestens genauso stur wie meine Jüngste. Marie steht wie ein Monument am Wegrand und kommandiert freundlich, ruhig und in endloser Wiederholung *Platz!* Wiki sitzt vor ihr, wedelt gelegentlich mit dem Schwänzchen über den Waldboden und denkt nicht daran, sich hinzulegen. Wegrennen kann er nicht, weil Krause auf dem kleinen Schnürchen steht, das an Wikis Halsband befestigt ist.

Platz! Wiki guckt interessiert auf einen Busch, in dem sich etwas bewegt.

Platz! Wiki dreht sich um dreihundertsechzig Grad und setzt sich wieder hin.

Platz! Wiki kratzt sich hinter dem linken Ohr.

Platz! Wiki steht auf und schnüffelt an Maries Schuh.

Platz! Wiki späht in den Himmel und sieht Vögel.

Platz! Wiki gähnt. Krause wechselt das Standbein.

Platz! Wiki macht einen Fluchtversuch, wird aber vom Schnürchen gestoppt.

Platz! Das Frauchen von Boomer guckt seufzend auf die Uhr.

Krause lässt sich nicht beirren. Recht hat er. Ich kenne genug Leute, die sich nach einem Jahr immer noch mit einem Leckerchen in den Staub werfen, damit der Hund sich hinlegt. Krause vertritt die Ansicht, das dürfe man zwei Unterrichtseinheiten lang machen, danach könne man aber sicher sein, dass der Hund verstanden habe, was mit *Platz!* gemeint ist. Spätestens ab der dritten Stunde werde aufrecht geplatzt, wo käme man sonst hin.

Neunzehn Minuten sind um.

Platz! Wiki legt sich hin.

Marie und Wiki absolvieren zehn Stunden Grundgehorsam in einer Klasse für – sagen wir mal – Hochbegabte. Man muss sich seine Defizite schönreden, dann bleibt man guter Dinge.

Es wurde aber auch höchste Zeit für die Hundeschule. Wir stellen nämlich fest, dass Luna damit beginnt, Wiki zu erziehen. Wenn er sich zu weit von uns entfernt und auf Kommando nicht umdreht, fängt sie ihn beim Zurückkommen ab und verpasst ihm einen Dämpfer. Die Krawallmaus als Lehrkraft! Ausgerechnet! Ich möchte mich wirklich nicht auf ihre Erziehungskunst verlassen.

Der Unterricht findet wahlweise in der Grube Sieben in Gruiten oder am Scharpenacken in Wuppertal statt. Die vierbeinigen Teilnehmer sind zwischen sechs und zwölf Monate alt, pendeln also zwischen leicht wahnsinnig und schwer erziehbar.

In den ersten beiden Stunden legt sich Wiki mit der Bordeauxdogge Schorsch an. Er hat zwar die Hosen gestrichen voll, weil Schorsch fünfundfünfzig Kilo auf die Waage bringt, aber tief im Innern seines tapferen Herzens wirkt der Terrier: Ich muss das auf der Stelle klären, SONST FLIPPE ICH AUS!

Schorsch wurde in seinem ersten Lebensjahr pausenlos an der Hüfte operiert und hatte zwölf Monate lang keinen Kontakt zu Artgenossen. Mittlerweile sind ihm alle Hunde unheimlich. Er fegt jeden vom Weg. Wer nicht freiwillig flüchtet, wird gepierct. Sein Besitzer erklärt alle Kurshunde, die von Schorsch geplättet werden, für aggressiv – und fliegt aus dem Unterricht.

In der vierten Stunde brennt Wiki durch.

»Der hat jetzt ein längeres Schnürchen als vorher«, sagt Marie. »Aber irgendwie ist es immer noch zu kurz. Wenn ich drauftreten will, ist der schon längst weg.«

»Das ist eine alte Gewohnheit von ihm«, sage ich. »Sobald ihm langweilig ist, gestaltet er seine Spaziergänge selbst. Das hat er sein ganzes erstes Lebensjahr gemacht.«

»Der Trainer sagt, ich muss für den Hund nur spannend sein. Ich bin aber den ganzen Tag mit Wiki zusammen. Der kennt mich total gut. Wie kann ich spannender sein als ein frisches Kaninchen?«

»Diese Frage wird dich vermutlich durch das ganze Wikileben hindurch begleiten.«

»Das wird mit der Zeit hoffentlich besser.«

»Vielleicht«, sage ich. »Vielleicht auch nicht.«

Gerade in einer langjährigen Beziehung finde ich es schwer, die Flamme am Brennen zu halten. Anfangs ist man für den Hund ja automatisch noch eine Sensation. Aber dann? Irgendwie muss man sich interessant machen. Durch Ignorieren, durch Unberechenbarkeit, durch neue Beschäftigungen, durch Wechsel der Blutwurstsorte, man kann aber auch dem Hund im Garten die anerkannte Lehrmeinung vorlesen und – da wird er staunen! – die generellen wissenschaftlichen

Erkenntnisse auf ihn herunterbrechen, man kann einen Ochsenziemer oder einen Futterdummy im Wald verstecken, eine Fährte legen, eine neue Beißwurst aus der Tasche ziehen … was weiß denn ich.

Kreativität ist nicht jedermanns Sache.

In der fünften Stunde kriegt Wiki Hausbesuch.

Krause hat beim letzten Mal angekündigt, er würde gerne sehen, wie Wiki lebt, und gegebenenfalls die ein oder andere Hausregel aufstellen. Die erste Hausregel wird bereits in der ersten Minute etabliert und lautet: Wir lassen in Zukunft die Haustür geschlossen, wenn ein Krause auf den Hof fährt.

Luna schießt aus der Tür und faltet die beiden Trainerhunde zusammen!

Krause erkennt mit geübtem Blick, dass außer mächtigem Körpereinsatz und donnerndem Worra-Worra hauptsächlich heiße Luft kommt, und bleibt die Ruhe selbst. Seine beiden Hunde verstehen die Botschaft auf Anhieb, laufen rüber zum Nachbarn und drehen ein paar Runden um seinen Teich. Ich bin heilfroh, dass die beiden sich nicht beschwichtigend auf den Rücken gelegt haben.

Luna wird in letzter Zeit immer unnahbarer. Womöglich liegt es daran, dass sie untertags viel zu viel Hundekontakt hat. Wiki kaut pausenlos an ihr herum. Nachmittags um vier hat sie den Kanal voll und wird spätestens beim Spazierengehen unwirsch: *Kommt mir nicht zu nahe, sonst hau ich euch weg!*

Das ist besonders fatal für Hunde, die sich immer und überall unterwerfen. Es gibt einen Goldie im Viertel, der nie etwas tut, deshalb auch nicht abgerufen wird, immer angestürmt kommt und sich vor Luna auf die Erde wirft. Luna knurrt:

»*Verpiss dich!*«, und er drückt sich erst recht in den Asphalt. Das sind Momente, in denen mein Leinenarm immer länger wird.

Keine Probleme haben wir hingegen mit Rauhaardackeln. Alles, was auf krummen Dackelbeinchen marschiert, wird respektvoll akzeptiert. Selbst die Zwergvarianten bleiben unbeschadet. Das muss an der inneren Größe dieser Gesellen liegen. Die stratzen durchs Neandertal, als gehörte es ihnen.

Krause braucht keine halbe Stunde, um unsere Macken ausfindig zu machen.

»Wisst ihr«, sagt er, »ihr habt euren ersten Hund im Haus total konsequent erzogen. Der bereitet überhaupt keine Probleme und ist sechs Jahre lang wunderbar in der Spur gelaufen. Mittlerweile macht ihr ein bisschen auf und lasst schon mal fünfe gerade sein. Das ist völlig in Ordnung, weil der Kern eurer Beziehung stabil ist. Aber in diese Laissez-faire-Atmosphäre kommt jetzt euer zweiter Hund, ohne dass ihm klare Grenzen gesetzt werden. Schon klingelt's, und vor der Tür steht ein kleines Monster und winkt. Und wisst ihr, was das sagt? Es sagt: Huhu, ich bin's! Euer Problehem!«

Im Folgenden zählt er uns die Gedankenlosigkeiten der ersten halben Stunde auf und schwört uns darauf ein, das Rad wieder zurückzudrehen.

Das war's dann wohl mit den Freiheiten, Luni!

Mitgefangen, mitgehangen.

Die sechste Stunde findet am Scharpenacken in Wuppertal statt. Auf dem ehemaligen Truppenübungsplatz ist so viel los, dass ich mich mit Luna experimentell ins Getümmel stürze, um friedvolle Hundebegegnungen zu üben. Marie, Wiki und die anderen Erstklässler üben am entgegengesetzten Ende des Geländes, gute achthundert Meter entfernt von uns.

Was sie genau trainieren, weiß ich nicht. Bindungsvertiefung kann es nicht sein. Aus heiterem Himmel steht Wiki plötzlich vor Luna und freut sich den Schwanz ab.

Wir bringen den Ausreißer zurück. Auf halbem Weg begegnet uns ein Trüppchen Labbibesitzer, die mit Wurstangeln unterwegs sind. Es handelt sich dabei um eine klassische Reizangel, an deren Ende nicht irgendein Läppchen sein klägliches Dasein fristet, sondern eine fette Mettwurst.

Ich starre ihnen sprachlos hinterher.

Meine beiden Hunde tropfen.

Die siebte Stunde fällt für Wiki aus. Marie ist ausnahmsweise mit Zweibeinern verabredet. Damit der Schlendrian nicht einreißt, darf er mit Luna und mir stattdessen auf den Hundeplatz zu den Hovis, muss allerdings vor dem Zaun bleiben.

Die versammelten Großhundbesitzer lächeln milde.

»Ist Luna beim Waschen eingelaufen?«

»Guck mal, die Farbe ist auch raus.«

»Wo kommen da die Batterien rein?«

»Ist das Geräuschchen Gebell?«

Wenig später stellt sich heraus, dass so gut wie alle Hovis heute keinen Bock auf Ärmel und Revier haben. Auch Lunas Vorstellung bewegt sich eher am unteren Ende der Motivationsskala. Richtig Pfeffer auf dem Rasen ist erst, als Gerd das Tor öffnet und gönnerhaft sagt: »Na, dann lass mal deinen Freizeitdackel rein.«

Mein Kleiner, der noch nie einen Hundeplatz, geschweige denn einen Helfer, gesehen hat, rast wie eine Hornisse auf den

Platz, guckt sich um, entdeckt Gerd mit dem Hetzarm und nimmt Maß.

Als er zwanzig Minuten später mit Gerd fertig ist, ist der *Freizeitdackel* Geschichte und der *Kampfdackel* etabliert.

Nach der achten Stunde besprechen wir uns kurz auf dem Parkplatz bei Grube Sieben. Der schlammbraune Wiki hopst mit seinem Leinchen zu Luna in den Kofferraum. Krause und Marie sind hochzufrieden.

»Das war eine wunderbare Runde«, sagt Krause. »Wiki hatte eine tolle Orientierung. Immer wieder hat er sich nach Marie umgesehen.«

»Sobald er zu weit vorausgelaufen ist, habe ich mich umgedreht«, sagt Marie. »Ohne etwas zu sagen. Einfach so. Der kam immer sofort angaloppiert.«

Während wir uns über den Musterschüler freuen, quetscht der sich klammheimlich zwischen dem Trennnetz hindurch und springt von der Rückbank auf den Vordersitz. Dort frisst er die Box mit Lunas Ichbleibganzruhigwurst leer und will durch das geöffnete Fenster stiften gehen.

Dummerweise verklemmt sich seine Leine irgendwo im Auto und wickelt sich um sein Hinterbein. Als er aus dem Fenster klettert, ist die Leine zu Ende, und Wiki baumelt wie ein Schinken außen an der Autotür.

»Das wird schon«, sagt Krause.

Die neunte Stunde bekommen wir geschenkt, weil die siebte ausgefallen ist. Ich bin dabei, weil es die letzte ist. Schleppleinenwiki läuft viel zu weit voraus. Wir drehen abrupt um und laufen in die andere Richtung. Schon hören wir Wiki im Schweinsgalopp heranrauschen. Die Leine schwifft lustig hinterher.

Kurz bevor er uns erreicht, kitzelt eine Fährte seine Nase. Wiki biegt ansatzlos ab in den Wald. Von vorne kommt ein Fahrradfahrer mit einem Weimaraner. Wir rufen Wiki vorsichtshalber nicht. Der hupft abgelenkt durchs Unterholz. Vielleicht haben wir Glück.

Haben wir nicht. Gerade noch rechtzeitig entdeckt Wiki den Weimaranerradler, prescht auf den Weg und umrundet ihn fröhlich mit seiner Zehnmeterleine.

Dreimal, um genau zu sein.

Während ich den aufgebrachten Herrn und einen sensationell unaufgeregten Weimaraner aus unserer Leine wickle, entschuldige ich mich pausenlos und demütig. Was für ein Durcheinander! Normalerweise bin ich der Radfahrer und Luna der Weimaraner, und normalerweise regen wir uns beide wahnsinnig über diese mental unterbelichteten Pfeifen auf, die ihre Hunde nicht bei sich behalten können.

Jetzt gehöre ich selber dazu!

»Ich finde, Wiki wird immer besser«, sagt Marie, als wir nach ihrer letzten Krausestunde nach Hause laufen. »Viele Sachen haben wir schon gut im Griff. Jetzt fehlt nur noch, dass er nicht mehr beißt, wenn man ihm etwas wegnehmen will. Was macht dein Beutetermin?«

»Ich bin bei einer Spezialistin angemeldet.«

Die zehnte Stunde gehört Wiki und mir.

Und Birgit.

Birgit hat einen Hundeplatz am Rand der Voreifel. Mit Schweinen, Schafen, Ponys, Kaninchen und zwei Ziegenböcken namens Günni und Hänschen. Gelegentlich sind auch Hunde da. Wenn Birgit mit denen fertig ist, sind sie Vegetarier und können ohne Probleme in einer gemischten Viehherde abgelegt und fünf Minuten später abgerufen werden.

»Günni nach Günther Bloch und Hänschen nach Hans Schlegel«, sagt sie, als wir uns die Hände schütteln.

Wiki verschwendet keine Sekunde für ein höfliches *Grüß Gott*. Er rauscht auf den Platz, baut sich vor dem Kaninchenstall auf und will alle umbringen.

»Aha«, sagt Birgit. »Ich ahne, worum es geht.«

Nach einer halbstündigen Aufzählung sämtlicher Vorfälle – auch des allerneuesten, wo Monsieur eine Flasche Hustensaft vom Tisch holt, knackt, schlürft und Scherben kaut – liegt die Krausestirn in tiefen Falten.

»Der Hund braucht zu Hause einen Platz, wo ihr ihn hinschicken könnt«, beschließt sie. »Mit welchem Kommando auch immer. Da muss er drauf, da muss er bleiben, da hat er Ruhe. Wenn er auf der Decke liegt, wird er nicht angesprochen, nicht gelobt, gestreichelt oder gefüttert. Von der Decke wird er auch nicht abgerufen, sondern kommentarlos abgeholt.«

»Und wenn er von selber wieder runtergeht?«

»Nichts sagen. Ihn mit dem Körper einfach wieder zurückdrängen.«

»Das klappt nie.«

Birgit legt eine orangefarbene Decke auf den Rasen und holt Wiki an der Leine zu sich. Sie wirft ein Stückchen Fleischwurst auf die Decke. Wiki hopst sofort hin.

»Welches Kommando wollt ihr nehmen?«, fragt sie mich.
»Decke!«, sage ich.

Es folgt ein Wurststückchen nach dem anderen, verbunden mit der Aufforderung *Decke*. Wiki schmeckt die Übung. Als Birgit ihn von der Decke holt und anschließend wieder zurückschickt, hüpft er ohne Wurst drauf. Das bloße Kommando genügt.

»Schlaues Kerlchen«, sagt Birgit.

Sie läuft im Kreis um die Decke herum. Wiki folgt ihr mit seinem Blick. Als er genug hat und wieder zu den Kaninchen will, geht sie einen Schritt auf ihn zu. Wiki setzt sich zurück auf die Decke. Sie umkreist ihn zweimal, lässt die Leine fallen und geht weg. Monsieur sitzt wie eine Eins.

»Jetzt du«, sagt sie.

Ich bezweifle stark, dass er das auch bei mir macht. Für Wiki ist Birgit neu und beeindruckend, ich hingegen bin alt und verarschbar. Zu meiner großen Überraschung setzt er sich auf die Decke und bleibt auch dort, als ich nach zweimaligem Umkreisen die Leine fallen lasse und weggehe. Birgit winkt mich zu sich. Aus einer Entfernung von zehn Metern beobachten wir unseren Kandidaten, wie er sich neugierig umschaut, ein bisschen auf seinem Platz vibriert und sich schließlich seufzend hinlegt, den Kopf auf den Pfoten, geduldig der Dinge harrend, die da kommen mögen.

»So!«, sagt Birgit. »Und jetzt setzen wir ihn vor den Karnickelstall.«

Ich fasse es nicht!

Gerade mal fünfundvierzig Minuten nach seinem Auftritt als Kaninchenkiller sitzt Wiki fünfzehn Meter von uns entfernt auf einem orangefarbenen Stück Stoff vor seinen potenziellen Opfern und traut sich nicht zu ihnen. Und zwar nicht, weil ich ihm den Hintern versohlt oder ihn vorsichtshalber erschossen habe, nein, einfach nur, weil ich *Decke!* gesagt habe.

»Das übt ihr zu Hause weiter«, sagt die heilige Birgit, während sie ganz nebenbei noch Brot vermehrt, Wasser in Wein verwandelt und das Meer teilt. »Es ist wichtig, dass man nicht immer nur Nähe einfordert, sondern auch mal Distanz. Außerdem tut Wiki die Decke gut. Da kann er sich runterfahren. Über sein aggressives Beuteverteidigen muss ich nachdenken. Vorläufig kommt erst mal ein Hausleinchen an den Knaben, damit ihr nicht ans Halsband packen müsst und er nicht mehr eigenständig Extremitäten amputiert. Alle Beutesituationen, so gut es geht, vermeiden. Falls er doch etwas erwischt, abrufen. Wenn er nicht kommt, holt ihr ihn am Leinchen zu euch. So wie ich den einschätze, hört er mit Fauchen auf, sobald er einen Meter von seiner Beute weg ist. Der will es zwar wissen, aber er zieht es nicht bis zum Ende durch. Da kenne ich ganz andere Kandidaten. Wenn ihr das nächste Mal kommt, ist mir dazu etwas eingefallen.«

Während Birgit über Lösungen grübelt, absolvieren wir zwei denkwürdige Wochen.

Auf dem Jaberg ziehe ich Wiki am Schwanz aus einem Karnickelbau. Was zum Vorschein kommt, erinnert nicht an Wiki, sondern an Stephen Kings *Friedhof der Kuscheltiere,* genauer gesagt an Winston Churchill, genannt Church. So heißt das höllenböse Katerding, das vom Laster überfahren wird und sich auf dem indianischen Friedhof selbst ausgräbt, nachdem es dort mausetot beerdigt wurde. Aus einem dreckverklumpten Gesicht starren mich glühende runde Augen an, der Kopf besteht nur aus blutrotem Zahnfleisch und schneeweißen Zähnen. Dazu ein Fauchen, Zischen und Knarren wie ein Presslufthammer.

So aggressiv habe ich den kleinen Kerl bisher nie erlebt. Als wäre er nicht bei Sinnen. In dieser Verfassung scheut er sich auch nicht, seine Angehörigen zu tackern.

Im Haus macht er mittlerweile kaum noch Beute. Na gut, denkt der Wahnsinnsknabe, dann bewache ich halt ein Zimmer, in dem ich früher einmal Beute gemacht habe. Spricht's, hockt sich in den Flur und knurrt die Familie an.

In Wikis straffem Wirtanzendemrudelnichtmehraufdernaseherumprogramm ist das Hausleinchen sein stetiger Begleiter. Damit kann ich ihn freundlich aus seinen Church-Anfällen herauszuppeln, ohne ihm an den Kragen gehen oder mich bedrohlich über ihn beugen zu müssen.

Zuppeln wirkt wie ein Schalter.

Zuppzupp – Knurren aus. Schon kommt er selig angehüpft.

Liebes Lieschen, der ist vielleicht froh, dass er nicht kämpfen muss.

Und ich, dass alle Finger noch dran sind.

Wikis erste Hausleine ist aus Restbeständen gefertigt und nur siebenundneunzig Zentimeter lang. Ein Schuss in den Ofen. Wiki nimmt das Leinenende ins Maul, findet, dass es eine prima Beute ist, und beginnt, es mit vollem Körpereinsatz zu verteidigen.

Das zweite Leinchen ist eine drei Meter lange Nylonschnur, leider zu dünn. Sie schurbelt eine Woche um die Ecken und ist dann durchgewetzt.

Leinchen drei besteht aus vier Meter drahtverstärkter Wäscheleine. Wiki piddelt einfach die Plastikschicht vom Draht und verteilt sie im Haus.

Seither trägt der junge Mann schmuckes Segeltau.

»Na, wie ist es euch die letzten beiden Wochen ergangen?«, will Birgit wissen.

»Durchwachsen«, stöhne ich. »He! MOMENT MAL!!!« Wiki ist in einem Affenzahn unterwegs zu den Kaninchen.

»Hol ihn mal da weg«, sagt Birgit.

Ich gehe auf Wiki zu. Als ich beim Kaninchenstall bin, dreht sich der Saubatz fauchend um und attackiert meinen Schuh. Ich spüre trotz des dicken Yakleders seine Zähne an meinem Fuß.

»Holla!«, sagt Birgit. »Der geht ja richtig nach vorn. Das sieht aus, als wäre mit dem mal im Wehrtrieb gearbeitet worden.«

»Wie denn? Die Familie, in der er vorher war, wusste ja nicht mal, dass es so etwas wie Schutzdienst gibt.«

»Nö. Aber die haben ihn im Haus angebunden. Das reicht doch schon. So einen Scheiß kannst du durchaus auch unbewusst anrichten. Indem du ihn an die Heizung knotest und ihn unabsichtlich bedrohst. Du brauchst dich nur über ihn zu beugen oder ihm den Napf oder sonstige Sachen wegzunehmen. Er spürt, dass er nicht so ausweichen kann, wie er es möchte. Also greift er an. Vergiss die Terriergene nicht. Die sind allemal für solche Attacken gut.«

»Und wie kriegen wir das wieder raus?«

»Entweder auf die ganz sanfte Weise mit viel Geduld ...«

»Wie lange dauert das denn? Zu Hause haben mittlerweile alle Schiss, wenn der seine Anfälle kriegt. Noch einen Biss können wir nicht gebrauchen.«

»... oder mit einem kurzen Gong, bei dem er auf Anhieb ganz viel begreift. Du darfst aber nicht zimperlich sein, sonst kannst du es gleich vergessen.«

Ich denke an Luna, die immer voll reinhaut und auf Anhieb von Wiki verstanden wird. Ich denke an Wiki, der absolut unzimperlich und kompromisslos seine Butterinteressen gegenüber Stella vertritt. Ich denke an die vier blutigen Löcher in Stellas Hand.

»Okay«, sage ich. »Gong.«

»Gut«, sagt Birgit. »Eine Dose Pils für den jungen Mann.«

Sie verschwindet in den Tiefen ihres Bauwagens, kramt scheppernd in undefinierbaren Lagerbeständen und kommt mit einer leeren Halbliterdose Wicküler Pils wieder zum Vorschein.

»Die macht einen hervorragenden Krach«, erklärt sie, während sie eine Handvoll Zweicentmünzen in die Pilsdose füllt. »Köpi klingt auch ganz gut. Aber nur, wenn du die Zweier halbe-halbe mit Fünfern mischst. Und Fünfer habe ich im Moment keine. Centstücke machen den besten Sound. Schrauben und Steine sind Mumpf.«

»Wie heißt das, was du da vorhast?«, frage ich.

»Einführung eines Abbruchsignals durch Futterfrustration«, sagt Birgit und klebt die Öffnung mit Tape zu. »Wir etablieren ein Geräusch, das dafür sorgt, dass dein Hund ein unerwünschtes Verhalten sofort unterlässt. Es ginge auch leiser, aber nicht beim Durchschnittsterrier. Da sind Rappeldosen das probate Mittel.«

»Ich soll das Ding nach ihm werfen, wenn er mich anfaucht?«

»Nein. Das Abbruchsignal wird durch eine Fremdperson eingeführt. Wir wollen keinen Vertrauensverlust zwischen Hund und Halter haben. Im Grunde spielen wir *guter Bulle böser Bulle*. Du bist der Gute.«

Während Wiki zu den Hasen hinüberlinst und sich die Lefzen leckt, erklärt mir Birgit, was ich zu tun habe.

»Es klappt übrigens immer, wenn man es richtig anstellt«, sagt sie zum Schluss. »Das Problem ist nur, man kann bei der Einführung eine Menge falsch machen und alles versauen. Es ist gut, dass du das nicht selber erledigst, sondern hier bist.«

Birgit wirft einen Fleischwurstbrocken auf die Wiese. Wiki will sofort hin. Ich halte ihn an der Leine zurück. Nach einer Weile lasse ich die Leine locker und sage: »Nimm!«

Wiki saust los und atmet die Wurst ein.

Das praktizieren wir fünfmal, dann kommt der entscheidende Moment. Birgit schmeißt die Wurst auf den Boden, ich lasse die Leine los und sage nichts. Wiki stört es überhaupt nicht, dass kein *Nimm!*-Kommando ertönt. Das Geschwätz vom Alten hat ihn sowieso noch nie interessiert.

Er stürzt sich auf die Wurst.

Im gleichen Augenblick knallt die Rappeldose genau zwischen Futter und Hundenase!

Ich habe plötzlich einen Hund auf dem Schoß sitzen.

»Sofort loben jetzt«, sagt Birgit. »Loben und trösten. Du bist der Gute!«

Ich lobe und tröste, was das Zeug hält, muss aber zugeben, dass Wiki nicht sonderlich erschüttert aussieht. Als Birgit ihm den nächsten Fleischbrocken vor die Nase wirft und ich schweige, geht er gar nicht erst hin.

»Danke, das war's!«, sagt Birgit.

»Das war's?«, frage ich.

»Das war's. Der verbindet mit diesem Geräusch eine ganz unangenehme Erfahrung. Er wird bei dessen Erklingen alles, was er gerade Unerwünschtes tut, sofort unterlassen und zu dir kommen.«

»Ich muss nur mit der Dose rappeln?«

»Ja. Aber du wirst sie bald nicht mehr brauchen. Der nimmt dich ernst.«

Mein kleines Halbterrieraas hat derweil meinen Schoß verlassen und schlendert vergnügt Richtung Kaninchenstall. Unterwegs gerät ihm Günnis Ziegenduft in die Nase. Wiki baut sich vor ihm auf, blafft ihn großmäulig an und schnuffelt weiter in Richtung der grunzenden Schweine. Dort schifft er an den linken Torpfosten. Nach getaner Arbeit guckt er mich an und rufft einmal kurz.

Dieser Tunichtgut ist einfach zum Knutschen.

Die Rappeldose brauchen wir nur noch ein einziges Mal.

Bloody Wurstfinger

18. März

Während sich Kollege Wiki bei Birgit ein Pils genehmigt, nimmt seine Rüdin an einem separaten Unterricht zur Verbesserung ihrer sozialen Kompetenzen teil. Lunas Seminar heißt: *Wir saufen uns die Frauen schön* und basiert auf neuesten Krauseerkenntnissen der Positivebestärkungsfraktion.

Wir saufen uns die Frauen schön ist nicht ganz korrekt. Erstens saufen wir nicht, sondern futtern. Zweitens betrifft es nicht nur Frauen, sondern auch Männer, genau genommen Hundefrauen und Hundemänner. Korrekt müsste es also heißen *Wir futtern uns die Hundebegegnungen schön*.

Sobald Luna einen anderen Hund erblickt und ruhig bleibt, stopfe ich ihr pfundweise Valberts leckere Hundeblutwurst ins Maul, zusammen mit dem lobhudeligen Schlüsselwort *Suuuper!*

Wieder und wieder und wieder.

Ein Blick zu mir wird nicht belohnt. Wurst gibt's immer nur dann, wenn Luna den anderen anschaut. Na, mein Mädchen, ist das nicht toll, einen anderen Hund zu treffen? Ich haue sämtliche Lehrbücher in die Tonne und lobe sogar, wenn Luna erkennbar fixiert und die Bürste hochfährt.

Gucken – egal wie – ist gut. Extremes Lob.

Hochgehen ist schlecht. Extremer Tadel.

Wenn Luna explodiert und wütend in die Leine springt, weise ich sie massiv zurecht. Energisches *Nein*, Schlüssel vor die Pfoten knallen oder Madame an ihrer dicken Fellschwarte packen, irgendetwas halt, was gerade so passt. Es muss ein spürbarer Unterschied zur Wurstarie sein. Bloßes Ignorieren ihrer Unarten hat bei Luna noch nie funktioniert.

Wir beginnen damit an einem Freitag. An die Wirksamkeit dieses Vorgehens glaube ich nicht, einfach weil es so vielem Gelernten widerspricht. Aber seltsamerweise scheint es zu funktionieren!

Bereits am Samstag finden Hundesichtungen auf Entfernung plötzlich in entspannter Gemütslage statt. Luna schaltet nicht in den Alarmmodus, sondern bleibt auf Blutwurstkurs. Die Gruppenübungen auf dem Hundeplatz verlaufen ähnlich unaufgeregt. Bei unseren Waldspaziergängen gehen neun von zehn Frontalbegegnungen nicht in die Hose. Bisher war das Verhältnis umgekehrt. Zweimal bleibt Luna sogar bei frei laufenden Hündinnen ruhig, obwohl diese neugierig bis auf anderthalb Meter herankommen.

Ich bin gespannt, wie es sich weiterentwickelt. Wäre ja nicht die erste Maßnahme, die gut anfängt und nach ein paar Wochen nicht mehr funktioniert. Zumal die Blutwurstgaben mit der Zeit heruntergefahren werden, bis nur noch das Schlüsselwort *Suuuper* übrig bleibt.

Die ersten Tage jedenfalls waren wirklich verblüffend.

Nebenwirkung: Ich freue mich seit Langem mal wieder auf Hundebegegnungen und suche sie auch.

Der Minirüde, der Luna gestern an den Hintern ging, hat

natürlich Pech gehabt. Den hat sie kurzerhand die Böschung runtergeblasen. Das ist nach wie vor gestattet. Bei sexuellen Übergriffen darf die Keule rausgeholt werden.

Wo kämen wir da hin?

24. März

Schönfuttern zweite Runde. Das Rezept ist gut. Aber es ist kein Allheilmittel. Erzfeindinnen würdigt Madame nach wie vor keines ruhigen Blickes. Da will sie drauf! Das drückt unseren Schnitt auf acht zu zwei.

Beim Dackelgeschwader im Neandertal hingegen funktioniert es immer noch. Wir treffen die drei fast jeden Tag. Sie dürfen sogar krakeelen. Luna sieht hin, bewahrt Contenance und holt sich dann bei mir die Wurst ab. Das war vorher nicht so.

Die Wirkung ist auch in der zweiten Trainingswoche noch verblüffend. Ich erkenne aber, dass es Sequenzen gibt, die Rücksicht erfordern. Lunas Individualdistanz sollte ich bei Hündinnen, mit denen sie sich schon innigst geprügelt hat, tunlichst nicht unterschreiten.

Auch nicht im Leberwurstanzug! Zudem ist, wie wir seit gestern wissen, eine schnelle Aufeinanderfolge altbekannter neuralgischer Punkte kontraproduktiv. Innerhalb von hundert Metern toben Nelly in ihrem Glaserker, Sandy hinter der Haustür und Bauer Fürmanns Hofhund hinter dem grünen Tor. Luna meistert alle drei nach der neuen Methode mit Bravour. Als aber zu guter Letzt noch der Klobürstenterrier vom Nachbarn um die Ecke biegt, tickt sie aus. Was mir zeigt, dass es in Lunas Innerem bebt, auch wenn sie äußerlich auf mich konzentriert ist.

Letzte Woche kamen auf neun gute Hundebegegnungen

eine schlechte, diese Woche auf acht gute zwei schlechte. Wenn es nächste Woche sieben zu drei steht, werde ich nachdenklich.

2. April

Immer noch kein Kater! Kein Brummschädel, kein Brechreiz, kein Schwankschwindel. Schönfuttern mit Blutwurst funktioniert auch in der dritten Woche. Bilanz am Karfreitag: siebzehn gut, drei grenzwertig und ein Handgemenge.

Bei Letzterem handelt es sich um das zufällige Zusammentreffen dreier Krawallmäuse – ja, es gibt halt nicht nur uns – an einer viel zu schmalen Weggabelung. Die Hunde regen sich fürchterlich auf, die Halter haben alle Hände voll zu tun. Der Schäferhund wird durch beruhigendes Auf-ihn-ein-Murmeln nicht beruhigt. Der explodierende Jack Russell wird an seinem Geschirr wie ein Handtäschchen aus der Kampfzone getragen. Luna muss mit einem beherzten Griff in die Schwarte auf den Boden der Tatsachen zurückgeholt werden.

Schwamm drüber. Alle anderen Hundebegegnungen sind in der engeren Auswahl für den Friedensnobelpreis.

Wir werden ab jetzt die Futtergaben reduzieren. Zum einen, weil das Schlüsselwort *Super* auch ohne Wurst schon einige Male ausreichend war, um Artgenossen friedlich passieren zu können. Zum anderen, weil Luna mittlerweile anfängt, nach anderen Hunden Ausschau zu halten.

Sobald sie einen erspäht hat, guckt sie kurz hin und sieht dann sofort mich an. Wurstschnorrer! Das ist eines der erfreulichsten Ergebnisse dieser Tage, ohne Frage. Aber ich muss ab jetzt gut aufpassen. Bin ich doch auf dem besten Wege, zum Futterautomaten degradiert zu werden.

Siebzehn zu drei also. Ich bin sehr zufrieden. Wenn das so weitergeht, werde ich den Krawallmausblog in *Die Schäfchen-Tagebücher* umbenennen müssen. Wir werden ab und an Bilder veröffentlichen, auf denen wir milde lächeln, und einmal pro Quartal so ungeheuer spannende Sachen posten wie »Hurra, wir haben ein himmelblaues Bällchen gefangen!« oder »Teufel noch eins! Heute gab's mal wieder ein Scheibchen Lyoner.«

12. April

Zwölf gute Hundebegegnungen dank intensivtherapeutischer Betreuung durch Blutwurst.

Alles bestens. Mein Hund weiß jetzt, was von ihm erwartet wird, und dass Friedfertigkeit viel angenehmer ist. Nach einer ausgedehnten Runde durch die Grube Sieben in Gruiten sitzen wir zufrieden im Kofferraum und teilen uns die Wurstreste.

Plötzlich lässt irgendein Depp seinen Puli direkt an unseren VW Bus latschen. Dreizehnte Begegnung.

KAWWWUMM!

26. April

Die Konditionierung erreicht einen neuen Höhepunkt. Luna beginnt sich genüsslich die Lefzen zu lecken, wenn sie einen Hund sieht. Wir finden das prima, die anderen beängstigend. Kleinhundehalter betrachten uns mit zunehmendem Argwohn. Vor allem diejenigen, die mit dem Schönfutternprogramm nicht vertraut sind, beschleunigen merklich ihre Schritte.

Am schlimmsten ergeht es derzeit den Haltern von Lunas Erzfeindinnen.

Die kennen Luna seit Jahren in aufgebracht fauchender,

zähnefletschender Grundstimmung. Dieses Verhalten ist zwar nicht erfreulich, dafür unmissverständlich in der Aussage. Bleib mir bloß vom Leib! Nun auf einmal sitzt dieses Untier still am Wegesrand, mustert den eigenen, kostbaren Hund und schleckt sich dabei das Maul. Die irritierten Besitzer erreichen die nächste Stufe der Besorgnis und fühlen sich wie ein Continental Breakfast kurz vor dem Verzehr.

Leider kann ich nichts zur Aufklärung beitragen, weil ich mich in diesen Situationen auf meine Hündin konzentrieren muss, die wirklich Großes leistet, wenn sie ihr aufbrausendes Temperament bändigt.

Mein Äußeres trägt ebenfalls nicht zur Beruhigung bei. Wie bereits angedeutet, habe ich mich vor Aktionsbeginn mit acht meterlangen Hundeblutwürsten aus der Gruitener Metzgerei Valbert bevorratet. Heute sind diese jedoch leider nicht vom Meister gefertigt worden, sondern ganz offensichtlich vom Lehrling. Die Konsistenz der Meisterwurst ist fleischwurstartig, die Lehrlingswurst erinnert haptisch hingegen an streichzarte Leberwurst. Diese zu würfeln ist so gut wie unmöglich. Spätestens nach zweimal Reinfassen habe ich Brei in der Jackentasche.

Zur gespenstisch tödlichen Stille und einem Lefzen leckenden Hund kommt also noch ein Halter, der mit blutigen Händen fiese Brocken aus der Tasche zieht. Vielleicht sollte ich mir noch mit der flachen Hand vor den Schädel schlagen und etwas von Kriegsverletzung, Titanplatte und Mobilfunkstrahlung murmeln.

Geht doch nichts über einen stimmigen Gesamtauftritt.

12. Mai

Unser Schönfutternprogramm läuft mittlerweile sehr zufriedenstellend für alle Beteiligten. In den letzten acht Wochen habe ich das Schlüsselwort *Suuuper* etabliert und sukzessive die Blutwurstgaben reduziert. Das ging nur zu Fuß. Radeln war in dieser Zeit tabu.

Für die Statistiker unter uns:

Mit *Suuuper* kann ich Luna in fünf von zehn Fällen ruhig durch kritische Hundebegegnungen führen.

In zwei von zehn Fällen muss noch zusätzlich zum *Suuuper* ein massiver Blutwursteinsatz während des Weiterlaufens erfolgen.

In weiteren einskommafünf Fällen schwillt Luna der Kamm so sehr, dass ich sie erst einmal ins Abseits setzen muss, bevor ich sie vollstopfen und vollsuuupern kann.

Bleiben einskommafünf von zehn Fällen, in denen alles nichts nützt. Luna macht den Atompilz.

Mit dieser fünfzehnprozentigen Ausrastrate kann ich sehr gut leben. Mehr noch: Die Bilanz lässt mich auf der Stelle übermütig werden und zum Fahrrad greifen.

Auf dem schmalen Waldweg zwischen dem Wandervogelhaus und der Winkelsmühle spaziert eine Frau mit zwei Bordercolliemischlingen und einem grauen Terrier. Vorsichtshalber klingle ich schon fünfzig Meter hinter ihr. Sie stellt sich an den Wegrand und beginnt beruhigend auf ihre Hunde einzureden. Der Terrier, als Einziger nicht angeleint, glaubt kein Wort von ihrem Geschwätz und beschließt die Führung zu übernehmen.

Wie eine Rakete schießt er auf uns zu, rast kläffend zwischen Luna und Fahrrad hindurch und zwickt mich im Vorbeifliegen volle Kanne in die Wade.

Diese miese Ratte!

Danach baut er sich mit zerzaustem Nackenfell außerhalb von Lunas Leinenreichweite auf und schreit uns an. Bellen kann man dieses heisere Brüllen nicht nennen. Der hat vor Angst die Hosen gestrichen voll, steht aber tapfer seinen Mann.

Frauchen rollt derweil ächzend in die Böschung, weil die beiden Border Collies ihren Kumpel spontan unterstützen wollen und nach acht Metern ungebremst in die ausgefahrenen Flexileinen rauschen. Die Wucht legt die Borders rückwärts aufs Kreuz, Frauchen ebenfalls, alle zappeln.

Ich selbst überzeuge mal wieder mit einem beispiellos präzisen Timing. Da Luna trotz des anstürmenden Terriers noch sekundenlang ruhig bleibt, sage ich Schlaftablette exakt in dem Moment *Suuuuuper*, wo Luna sauer wird und dem vorbeizischenden Terrier mit allen zweiundvierzig schneeweißen Zähnchen ins Genick hackt.

Ganz toll!

Acht Wochen Training im Eimer.

Schlüsselwort versaut.

Zurück auf Los!

29. Mai

Wir radeln auf dem Gehsteig durch Gruiten. Die Tür zur Eckkneipe *Zur Post* ist offen. Irgendwo bellt ein Hund.

Ich überlege noch, ob man an einer geöffneten Kneipentür vorbeiradeln soll, als auch schon ein schwarzer Schnauzer aus derselben schießt. Ich stelle das Fahrrad quer. Der Schnauzer mogelt sich unter dem Rahmen hindurch und wieder zurück. Er hängt an einem dünnen Flexileinchen und blökt Luna an.

Vom Herrchen ist nichts zu sehen. Das steht noch in der Kneipe am Tresen, bezahlt seinen Deckel und wundert sich, warum es an der Leine so zappelt.

»Wass'n los, Fiete?«, murmelt es aus der Kneipe.

Mittlerweile will Luna Fiete umbringen. Aber Fiete will sich nicht umbringen lassen. Ich hantiere mit meinen Superleckerchen. Luna schert sich einen feuchten Kehricht darum. Sie will auf der Stelle mit Schnauzer gebarft werden.

Mittlerweile haben Flexileine und Schnauzer mein Rad vollends zugeschnürt. Verzweifelt rufe ich ins Dunkel des Schankraums hinein: »Jetzt aber bitte mal den Hund einholen!«

Der durch klebrige Alkoholika schwer angeschlagene Fietebesitzer taucht auf. Ich drücke ihm mein Fahrrad in die Hand und lasse ihn machen. Geduldig entknotet er im Suff Hund und Rad und murmelt in einem fort: »Fffiete, sowawas hast du donoch niiiie gemacht.«

Ich glaube ihm aufs Wort.

14. Juni

Von Tag zu Tag werden die friedfertigen Begegnungen weniger. Ich ertappe mich bei der Entwicklung einer neuen Theorie, die vermutlich Maßstäbe in der Kynologie setzen wird.

Die Theorie der ersten fünf.

In den letzten beiden Wochen haben wir diese Theorie empirisch bewiesen. Die ersten fünf Hunde, die Luna auf dem Spaziergang trifft, werden gnadenlos niedergemacht. Danach geht's wieder einigermaßen.

Vielleicht sollte ich in der Nachbarschaft ankündigen, dass Majestät täglich um dreizehn Uhr spazieren geht und das gemeine Volk zusammenzuscheißen wünscht.

Am besten wäre, fünf Hunde stünden gleich in unserer Zufahrt Spalier.

Dann hätten wir es hinter uns.

28. Juni
Zu heiß für Taschenblutwurst. Zweiunddreißig Grad! Luna pöbelt wie im Fieber alles an, was die Frechheit besitzt, vier Beine zu haben und durchs Neandertal zu spazieren.

Bis auf einen, den letzten von dreizehn.

Der Mann ruft seinen frei laufenden Weimaraner an die Seite und spricht vom kilometerhohen Ross herunter den denkwürdigen Satz: »Ich nehme meinen mal zu mir. An der Leine sind sie ja immer aggressiv.«

Ausgerechnet an diesem arroganten Sack läuft Luna vorbei, ohne einmal mit der Lefze zu zucken! Das Leben ist großartig.

Warum Blutwurst und Schlüsselwort nicht mehr funktionieren, die krawallmaussche Pöbelquote wieder zweiundneunzigkommadrei Prozent beträgt und somit alles beim Alten ist, darüber denke ich nach, wenn es kühler wird. Vielleicht suche ich mir einen Anhänger der positiven Bestärkung und trete ihm vors Schienbein.

Vielleicht ist es mir aber auch wurscht.

Vielleicht fahren wir erst mal in die Ferien.

Der Urlaubs-Unfug

»Wir könnten schön Fähre fahren«, sagt Marie.
»Und schön brechen«, sage ich.
»Wir brechen nicht«, sagt Lotta.
»Und schon gar nicht schön.«

Harte Knochen auf hoher See

In unserem Bücherregal tummeln sich hundertfünfunddreißig Pfund Hunderatgeber. John C. Parkin ist mein erklärter Liebling. In seinem Buch steht zwar kein einziges Wort von Vierbeinern, die Inhalte lassen sich jedoch problemlos auf alle Hund- und Herrchenangelegenheiten übertragen. Das Werk heißt *Fuck it – Loslassen, entspannen, glücklich sein* und ist bereits als Urlaubslektüre vorgesehen. Dabei wissen wir noch nicht einmal genau, wo es hingehen wird.

»Ich bin damit einverstanden, dass wir wieder zelten«, sagt Max. »Aber ich möchte dieses Jahr ans Meer.«

»Ich auch«, sagt Lotta. »Ans Mittelmeer, wenn's geht.«

»Campingplätze am Mittelmeer kosten pro Nacht so viel wie ein Grand Hotel«, sagt Stella. »Und wenn ich an die handtuchbreiten Strände der Côte d'Azur denke, fühle ich mich jetzt schon wie eine Sardine.«

»Außerdem gibt's die nur mit Animation«, sage ich. »Die Campingplätze, meine ich. Karaoke, bis der Tinnitus kommt, und Happy Hour bis nachts um zwei.«

»Ja klar«, sagt Max. »Wo ist denn da das Problem?«

Im Stillen denke ich nur: Himmel hilf, der erste Campingurlaub mit zwei Hunden! Das Leinenmanagement bereitet mir jetzt schon Kopfzerbrechen. Sieben Stühle, ein Tisch und ein Pavillon ergeben unterm Strich sechsunddreißig Aluminiumbeine, die bewegungsfreudige Hunde zum Einfädeln auffordern. Das wird ein denkwürdiges Erlebnis für die Franzosen werden, egal an welcher Küste.

»Korsika wäre toll«, sagt Marie.
»Es wäre mal etwas anderes«, sagt Lotta.
»Und wir könnten schön Fähre fahren«, sagt Marie.
»Und schön brechen«, sage ich.
»Wir brechen nicht«, sagt Lotta. »Und schon gar nicht schön.«
In einem Hundeforum habe ich gelesen, dass die Überfahrt nach Korsika für den Hund sooo toll gewesen sei, und bei Sonnenschein habe man auf dem Außendeck vierundzwanzig sooo süße Hunde getroffen, die sich sooo gut vertragen haben, und man freue sich sooo sehr auf das nächste Mal.

Für den Inhaber eines distanzlosen kleinen Rotzlöffels und eines auf Krawall gebürsteten Mauerblümchens sind das ganz wunderbare Aussichten. Den Urlaub bloß nicht mit Erholung beginnen! Zu ruhiger Puls schadet der Gesundheit.

Es hilft auch nichts, dass Stella mir argumentativ zur Seite steht. Wer sein Familienleben nach basisdemokratischen Gesichtspunkten organisiert, sollte tunlichst nur ein Kind in die Welt setzen und nicht drei.

Wir werden überstimmt.

In letzter Minute gelingt es uns, mit dem Hinweis auf die hohen Inselebenshaltungskosten und das schmale Urlaubsbudget einen Kompromiss auszuhandeln. Nach zwei Wochen Korsika dürfen wir die Provence ansteuern und am Lac de Sainte Croix den Resturlaub absitzen.

Damit ist es beschlossene Sache.

Diesen Sommer werden Mensch und Tier erst einmal einträchtig faulenzend auf einer Insel im Meer weilen. Das Bier wird kalt sein, der Teint knusprig. Leinchen werden sich im Campinggestühl verheddern, Lakritznasen in Vorratskisten eindringen, Ruten die Wertsachen vom Tisch fegen. Ab und an wird ein Hund zu viel Salzwasser schlürfen und tapfer ins Auto kotzen.

Das Schiff der gebrochenen Snacks

Die Überfahrt gestaltet sich allerliebst. Wir verbringen viereinhalb Stunden auf dem überfüllten Deck einer Moby-Line-Fähre, auf dem brave Hunde spazieren gehen und unbrave sich immer aufregen müssen.

Wir sind laut.

Meine Güte, sind wir laut!

Ich kann meinen Hunden das nicht einmal übel nehmen. Wie soll man als Krawallmaus eine friedliche Überfahrt garantieren, wenn die Reederei einen überdimensionalen Kater auf die Bordwand lackiert? In unserem Fall Kater Sylvester aus der Bugs-Bunny-Truppe. Wir fahren quasi auf einem feindlichen Schiff.

Nichts mit sooo süß, sooo toll, sooo gut. Dafür stimmt das mit dem Sonnenschein. Allerdings kommt in unserem Fall ein beeindruckender Seegang hinzu. Die Fähre rollt dermaßen, dass sich die Passagiere bereits nach kurzer Zeit in zwei Interessengruppen spalten.

Die einen kauen herzhaft und in bester Laune duftende, gegrillte Käseschinkensandwiches, die anderen kotzen in Klarsichttüten und tragen die Suppe tropfend durch den Wind, auf der Suche nach einem Mülleimer.

Luna kaut an einem knüppelharten Büffelhautknochen. Sie murrt nur noch, flippt aber nicht mehr aus. Womöglich schlägt ihr der Seegang auf den Magen. Obwohl sie sonst eigentlich gerne bricht.

Wiki erweist sich als Überlebenskünstler, der überall durchkommt. Er legt den Kopf flach auf den Boden und wartet, bis ihm das Popcorn ins Maul kullert, das der Wind frech übers Deck bläst. Wenn es bei uns nichts zu futtern gibt, stellt er sich vor mahlzeitende Passagiere und starrt sie so lange an, bis sie Essen fallen lassen.

Da er nicht allzu wählerisch ist, führe ich ihn in großzügigem Abstand um alle Kotzlachen herum.

Mediterrane Freizeitgestaltung

Auf dem Campingplatz zwischen Calvi und L'Île Rousse zeltet ein Bällchenmalinois, der bei jeder sich bietenden Gelegenheit »ausgelastet« wird. Kilometerweit rennt er einer bunten Kugel hinterher, die Frauchen ziellos durch die Gegend schleudert. Gelegentlich kommt es vor, dass ich mit Wiki und Luna am Strick ahnungslos um eine Zeltecke biege, das Bällchen direkt vor unseren Füßen landet und der Mali wuchtig in uns hineinbrettert.

Bei dem Versuch, Schlimmeres zu verhindern, wird mir ordentlich warm. Schönen Dank auch. Bei zweiunddreißig Grad im Schatten ist diese Form von Bewegung genau das Richtige.

Am Abend vermöbelt Luna einen struppigen Korsen. Das gehört sich als Gästin nicht. Aber wenn man an der Leine blöd angegangen wird, setzt es einen Satz heiße Ohren. Wiki hält sich diskret abseits und lässt Madame machen. Der Korse bewacht aus unerfindlichen Gründen eine Strandbar und startet von dort herdenschutzhundartige Ausfälle. Auch eine Möglichkeit, kundenfrei zu bleiben.

Zwischen den Kampfeinsätzen vertreiben sich Luna und Wiki die Zeit mit Baden im Mittelmeer, Baden im Fangobach, Baden im Sand und Baden in totem Fisch. Dazwischen verbellen sie ungarische Wanderer, futtern am Fuße der Jagdruine eines Napoleon-Enkels etwas Pizza sowie einige verstorbene Großinsekten, schlecken Sonnenmilch von frisch eingecremten Armen, klauen Wildschweinsalami von unbeaufsichtigten Frühstücksbroten und schlafen südländisch. Will heißen:

Sie schnarchen selig, alle viere von sich gestreckt, unter einer leichten Staubdecke.

Ich stelle derweil fest, dass auf allen zweihundert roten Poop Bags, die ich gekauft habe, FIT+FUN steht, und gelange zu der Auffassung, dass Leute, die Hundekottüten unter dem Label FIT+FUN vermarkten, ein ziemlich gestörtes Verhältnis zu ihrer Freizeitgestaltung haben müssen.

Französische Schoßhundbesitzer führen übrigens keine Poop Bags mit sich, sondern ein Fähnchen Toilettenpapier. Damit wird der Schoßhundpoppes gereinigt und das Häufchen anschließend weithin sichtbar als ein solches gekennzeichnet.

Falsche Farbe

Buch ist rot. Bulli ist rot. Meine Hose ist rot. Mein Hemd ist rot. Fahrrad ist rot. Sonnenbrand ist rot. Die Hundeleinen sind rot. Ein Halsband ist rot. Die Kackbeutel sind rot. Die Katernase auf der Fähre ist rot.

Wie kommt das?

Meine Lieblingsfarbe ist Grün.

Neues vom Breitensport

Die erste Ferienhälfte auf Korsika nutzen wir unter anderem, um unbeobachtet im Ausland Fahrradfahren zu dritt zu erlernen.

Luna ist anfangs nicht recht klar, was diese schwarzweiße Torfnase an ihrer Seite soll. Die war vorher nie da. Wiki hingegen möchte am Rad mit der Rüdin toben und zwischendurch ein bisschen an ihrem Hals kauen, gerade als ob ich gar nicht am anderen Ende der Leine hinge. Als ich jedem von ihnen tief ins braune Auge blicke und beide begreifen, dass wir an einem Strang ziehen müssen, funktioniert es leidlich.

Weitaus schwieriger als das Radeln *avec assistance canide* erweist sich das Aufnehmen der Hinterlassenschaften. Ich nenne dieses Verfahren Kackbeutelakrobatik, und langsam dämmert mir, was mit FIT+FUN gemeint ist.

1. Das Fahrrad mit der Hüfte am Sattel ausbalancieren. Es ist ein Damenfahrrad und hat keine Stange, sonst wäre es einfacher.
2. Beide Leinen an den linken Lenkergriff hängen und den Griff sicherheitshalber fest in die Hand nehmen.
3. Tüte aus der Hose nesteln. Fahrrad ausbalancieren.
4. Langsam runterbeugen und den Haufen mit der Tüte aufnehmen.
5. Tüte verknoten. Umgefallenes Fahrrad aufrichten.
6. Hunde entwirren. Grund: Die beiden möchten beim Geschäft nicht nebeneinanderstehen und rennen auf die andere Fahrradseite. Der eine, während der andere macht, und der andere, nachdem er gemacht hat, weil er nicht beim Haufen bleiben will.
7. Nach dem Entwirren der Leinen mit dem Tütchen am Lenker fünf Meter weiterfahren und dasselbe Theater mit dem zweiten Hund erneut durchexerzieren. Jetzt allerdings in Rekordzeit, weil ein anderer Hund kommt und Luna sich schon wieder aufbläst.

Kritische Gedanken zur Kleinsthundzucht

Die Zahl der suizidgefährdeten Kleinsthunde auf der Insel ist erschreckend hoch. Wir werden mittlerweile an vier Stellen auf dem Campingplatz angegriffen, jedes Mal aus der sicheren

Deckung des Wohnmobilunterbodens heraus. Alle vier Kontrahenten sind maximal zwei Handvoll groß, der mutigste von ihnen sogar nur eine Handvoll. Der jagt uns nicht kläffend weg, sondern er blockt uns!

Monumental – soweit das möglich ist – baut er sich einen halben Meter vor unserem Gespann auf und starrt uns nieder. Ein todesmutiger, paarhundertgrammschwerer Tennisball gegen eine geballte Übermacht: vierzig Kilo Luna, siebzehn Kilo Wiki, hundert Kilo Fahrrad, zehn Kilo ich. Luna ist so verblüfft, dass sie sekundenlang die Schnauze hält. Das genügt dem Besitzer, um seinen lebensmüden Helden aus der Arena zu tragen.

Ich frage mich, wieso man diese Rassen – in unserem Fall Chihuahua, Yorkshire und Bologneser – immer kleiner züchtet, bis sie in die Handtasche passen, es aber gleichzeitig versäumt, die angewölfte Raubzeugschärfe aus dem Genpool zu entfernen. Vor allem bei den Terriern.

Was soll das unterm Strich werden?

Ein Begleithund für den Banküberfall?

Ein Handtaschenreißwolf?

Haute Cuisine

Es ist schwer, auf dem Weg zum Meer geeignete Hölzer zu finden. Wenn Luna eines gefunden hat, verstecken wir es nach dem Spielen immer im Dickicht neben dem alten Boot. Das ist ein großer Schatz! Wenn Wiki mitspielt und den Stock erwischt, trägt er ihn weg und frisst ihn auf. Spielverderber!

Als gäbe es nichts zu essen bei uns!

Brot zum Beispiel.

Unter Vortäuschung tiefster Zuneigung und größter Wiedersehensfreude springt Wiki auf Stella zu, die gerade mit

Baguettes unter dem Arm vom Bäcker kommt. Anstatt sie zu begrüßen, reißt er im Vorbeifliegen ein halbes Brot ab und verschwindet damit unter dem Auto.

Zudem führen wir das Betteln am Tisch wieder ein. Wir sind auf Anhieb erfolgreich. Um nicht als pädagogische Nullen dazustehen, sprechen wir jedes Mal, bevor die Hunde mit Abendbrotwurst vollgestopft werden, konsequent den Satz: »Ich kann dir doch nichts geben, wenn du am Tisch bettelst. Das weißt du doch.«

Auf unserem abwechslungsreichen Speisezettel stehen außerdem tote Natter, alter Fisch, Sonnenmilcharme (wie gehabt) und – schwäbische Gulaschsuppe! Eines schönen Tages nämlich lässt Wiki Luna mitten im schönsten Zerrspiel stehen, rast hundertfünfzig Meter den Strand entlang und bezwingt im Alleingang eine fünf Meter hohe Lehmklippe.

Drei Anläufe und mehrere blaue Flecken braucht es, dann ist er oben und am Ziel seiner Wünsche: Oben auf der Klippe erwärmen zwei Reisende aus Esslingen eine Dosensuppe.

Wir nehmen es als Zeichen. Offensichtlich ist das Verlangen nach kontinentaler Küche groß. Höchste Zeit, aufs Festland zu fahren.

Abrechnung auf Korsisch

Als wir unsere Siebensachen gepackt haben und mittags kurz nach halb zwölf bargeldlos das Büro des Patron betreten, teilt er uns lapidar mit, dass erstens Kartenzahlung bei ihm grundsätzlich nicht infrage komme, zweitens in L'Île Rousse drei hervorragend funktionierende Geldautomaten verortet seien und drittens sein Büro von zwölf bis vier wegen eines immens wichtigen Siestatermins vorübergehend schließe.

Das ist eine Ansage, die mir auf Anhieb die mühsam erworbene Farbe aus dem Gesicht treibt. Wir haben um eins im Hafen von Bastia zu erscheinen, sonst ist der Platz auf der gebuchten Fähre vergeben. Die Fahrt von L'Île Rousse nach Bastia dauert eine Stunde. Spätestens um zwölf müssen wir hier weg!

Wir rumpeln die fünf Kilometer bis zur Ortsmitte. Während Stella den Bulli mitten auf der Einbahnstraße parkt, sause ich in die Bank.

Der Geldautomat ist kaputt.

Drei Querstraßen weiter finde ich den zweiten. Davor warten fünfzehn Leute, die ebenfalls bemerkt haben, dass der erste Automat kaputt ist. Als ich endlich an der Reihe bin, erhalte ich nicht die benötigten siebenhundert Euro, sondern nur dreihundert.

Ich suche den dritten Automaten und bete, dass ich mit meiner Karte ein zweites Mal an diesem Tag Geld abheben darf.

Ich darf.

Wir prügeln den Bulli zurück zum Campingplatz.

Es ist zwölf Uhr und fünf Sekunden!

Stella hämmert den Padrone aus dem Bett und zahlt die Rechnung.

Nichts wie weg!

Gassi provençale

Nach einer wind- und wellenlosen Überfahrt landen wir in Genua und hoffen, dass wir den Resturlaub ohne Hitze überstehen. Will sagen: Dreißig Grad im Schatten sind in Ordnung, dreißig sabbernde *garçons d'amour* rund ums *tente* gehen gar nicht.

Die korsischen Rüden waren durch die Bank schon schwer interessiert, sogar die kastrierten. Lunas Hintern ist wohl derzeit eine Wucht. Ich bete für unser aller Seelenfrieden, dass Madame nicht läufig wird. Es ist zwar noch viel zu früh dafür, aber seit Monsieur im Hause weilt, ist ihr verlässlicher Neunmonatsrhythmus völlig durcheinandergeraten. Wundern würde es mich nicht.

»Durchsage an die Passagiere auf den billigen Plätzen«, sage ich, als wir die Riviera entlangschnurren. »Keine offenen Chipstüten in Wikireichweite liegen lassen. Keine Kekse, keine Brote, kein Garnichts. Vielen Dank für Ihre Aufmerksamkeit.«

»Sänk ju for träwelling wis deutsche Bulli«, sagt Max.

»Das ist mein Ernst«, sage ich. »Wir hatten jetzt drei Wochen keine Vorfälle mehr, sind nicht angeknurrt und nicht gebissen worden. Ich brauche auf der Autobahn kein Blutbad auf den Hinterbänken. Und schon gar nicht will ich bei hundertdreißig mit Rappeldosen um mich werfen.«

Noch beunruhigender ist die Vorstellung, nach einer Pause an der Raststätte nicht mehr ins Auto einsteigen zu können, weil unser beuteversessener Krieger mit gefletschten Zähnen auf nachlässig verstautem Proviant hockt. Einen solchen Zwergenaufstand braucht kein Mensch.

»Chill mal, Papa«, sagt Lotta. »Wiki ist total lieb. Der leckt nur Sonnencreme von den Beinen.«

»Trotzdem«, sage ich. »Vorsicht ist die Mutter der …«

»Und außerdem hat er die Chips schon gefressen.«

Hunde erkennen Ferien am Geruch. Sonnenglühender Lavendel, ein toter Fisch im See, der Angstschweiß der Dorfkater, zart fließender Camembert, über allem ein Hauch von meergesalzenem Mistral.

Luna streckt ihre Lakritznase aus dem Seitenfenster, als wir die letzten Serpentinen zum Lac de Sainte Croix hinunterkurven, und beginnt zu fiepen. Es ist wie nach Hause kommen, nur ein bisschen schöner. Jeden Tag drei Arschbomben in den See. Salami schnorren am Frühstückstisch. Dösen im provençalischen Schatten, der eine viel bessere Einschlafqualität bietet als der heimische, weil er so beruhigend von Rosmarin beduftet und von Grillen bezirpt wird. Der rattenscharfe Bordermischling, der immer breitbeinig durchs Dorf stratzt, lebt auch noch.

Wiki hängt seine Nase ebenfalls in den Seewind, ahnt aber nichts von seinem Glück. Er ist das erste Mal da.

Die Armee vom Montée des Oliviers

Der Zeltplatz liegt unten am See. Das Dorf zieht sich das steile Ufer hinauf. Ganz oben thront der Supermarché. Jeden Morgen wandern Luna, Wiki und ich die steile Dorfstraße, den Montée des Oliviers, hinauf und hinab, um Brot zu kaufen und nach Hause zu tragen.

Am Ende des Urlaubs werde ich Oberschenkel wie Baumstämme haben. Am Ferienanfang sehen sie noch wie Streichhölzer aus. Da genügt ein strammer Satz bergabwärts in die Leine, um mich von den Füßen zu holen.

Das kann jede Sekunde passieren. Scheint es doch, als hätten sich die Katzen und Kater dieser Straße in dem Jahr unserer Abwesenheit ungezügeltem Sex hingegeben. Unter jedem Auto kauert eine Armee fauchender Fellbrocken und wartet, was die deutschen Hunde machen.

Habe ich gerade vom Angstschweiß der Dorfkater geschrieben?

Maßlos übertrieben.

Kein Tröpfchen davon liegt in der Luft.

Leinenmanagement

Les chiens sont admis a condition qu'ils soient tenus en laisse. Das ist Französisch und heißt: Mach den Hund auf dem Campinglatz mal besser an die Fünfmeterleine und sieh gefälligst selber zu, wie er mit sechsunddreißig Aluminiumbeinen klarkommt, die im Weg herumstehen.

Mal eben unter dem Stuhl durch, um den Pavillon herum, rüber zum Trinknapf und zurück unter den Tisch. Ich wage die Behauptung, dass ein halbwegs intelligenter Hund nach vier Wochen Camping diese Route problemlos wieder rückwärts laufen kann, sodass alles glattgeht. Wiki beherrscht diese Kunst jetzt schon, während Luna immer noch maulend stehen bleibt und auf das zweibeinige Befreiungskommando wartet.

Sie gibt sich bunten Fesselspielen hin, und wir alle hoffen, dass nicht gerade jetzt der Aufreger des Jahrzehnts – Maulwurf, Siebenschläfer, Cockerspaniel von Nummer hundertvierundvierzig oben links – gedankenlos über den Platz tapert.

Es ginge eine Menge Equipment fliegen.

Basteln mit der Krawallmaus

Einfach im Baumarkt von Riez ein dreißig Zentimeter langes Stück Gartenschlauch besorgen, unter vorbildlichem persönlichen Einsatz zwei Flaschen Rosé leeren, die arbeitslos gewordenen Korken in die Schlauchenden stopfen – *et voilà*, fertig ist das famose Schlauchkorkenspieli zum Zerren und Werfen.

Wichtiger Hinweis: Bevor man das nagelneue Sportgerät abends um zehn weit in den kalten See hinausschleudert, sollte man sich unbedingt vergewissern, dass man Hunde dabeihat, die so spät noch schwimmen wollen.

Wie Zikaden in Wirklichkeit zirpen

Um zehn Uhr morgens gehen die Grillen an, um einundzwanzig Uhr dreißig werden sie vom Bürgermeister persönlich wieder ausgeschaltet. Sie zirpen erfreulich südländisch. Nach einigen Stunden jedoch klingen sie angestrengt. Dass Zikaden lässig ihre Flügel aneinanderreiben, ist ein Märchen aus dem Biologiebuch.

In Wahrheit schnallen sich die kleinen, chitingepanzerten Gesellen an einem Ast fest und sägen auf selbst gebastelten Holzinstrumenten, tief vornübergebeugt und verbissen wie wütende Cellistinnen. Die lautesten von ihnen haben Blechsaiten aufgezogen, gefertigt aus den abgerissenen Bierdosenringen, die sie nach Saisonende auf den Campingplätzen auflesen.

In der Regel sind sie friedlich. Nur wenn man behauptet, sie produzierten dödelige Fahrstuhlmusik, schnappen sie nach einem.

Gegen Zikadenbisse hilft eine gut abgehangene Tollwutimpfung.

Ruhe vor dem Sturm

Letztes Jahr hatten wir in den ersten Urlaubswochen zehnmal so viele grenzwertige Situationen. Sogar Dorfzusammenheulen aufgrund Katerangriffs morgens um sieben war dabei. Was ist dieses Jahr los? Ist man mit sechsdreiviertel schon Oma? Geht man am Stock? Sammelt man Kräfte für den großen Schlag? Oder greift gar die Erziehung?

Der dicke Kuvasz von Platz hundertdreiundzwanzig linst auch immer frecher herüber. Wenn Luna mit dem zusammen lostobte, kippten Zelte und Caravans. Das würde den Schnitt der chaotischen Vorkommnisse zumindest etwas anheben.

Ich weiß gar nicht, ob das wirklich ein Kuvasz ist. Leider reicht mein Französisch nicht aus, um gepflegt nachzufragen.

»Pardon, ist dieser schmutzig weiße Fellberg ein ungarischer Herdenschutzhund oder ein genmanipulierter Goldie?«

Die werden ja auch immer grobschlächtiger.

Fremdsprachiges Hundemurmeln

Morgens radeln wir zu dritt ein paar Kilometer den See entlang. Alles, was tagsüber badet, liegt noch in den Federn. Die Ruhe ist himmlisch. Ab und an erklingt das *Plopsch* einer ausgeworfenen Angel.

Im August haben die Franzosen Ferien. See und Umgebung sind brechend voll. Es ist äußerst angenehm, wo man geht und steht, von französisch sprechenden Menschen umgeben zu sein. Ausländisches Stimmengemurmel im Hintergrund lenkt nicht ab, im Gegensatz zu inländischem.

»Günner, gib mich mal den Grillwender.«

Vielleicht geht es Luna ja genauso. Französisches Hundemurmeln um sie herum trägt zur Entspannung bei, weil sie nichts kapiert.

Einige Phrasen jedoch scheinen international verständlich zu sein. Zum Beispiel, als wir den kiesbestreuten Garten der *Auberge de la Tour* in Aups betreten und sich zwischen den Restauranttischen ein kleiner, heller Hund aufpumpt.

Helles Hündchen, schrill: »Das ist mein Restaurant, du Pfeife!«

Luna, hundertzwanzig Dezibel: »Komm raus, Kastrat, das regeln wir vor der Tür!«

Wiki, hundertneunzehn Dezibel: »Du hast gehört, was sie gesagt hat!«

Englischer Gentleman, zehn Zentimeter neben Lunas Schädel ein Nudelgericht verzehrend: »Aaaaaaaaahhhh! Japs, zuck, zuck, japs!«

Dickes rundes Wawa

Von der Chuzpe einiger Hundehalter sollte ich mir wirklich eine Scheibe abschneiden. Man mäste einen Chihuahua mit Camembert, bis er rollt. Dann setze man sich am Strand direkt neben den Trampelpfad, wo andere Hundebesitzer mühselig auf Flipflops zum See hinunterbalancieren. Alsdann hetze man das dicke runde Wawa auf alle Neuankömmlinge, kommentiere das entstehende Chaos mit *Tsts* und habe Späßchen.

Merke: *Tsts* ist kein Rückrufkommando!

Was mache ich mir eigentlich immer so einen Kopf!?

Der Kumpel vom dicken runden Wawa heißt Thibault. Thibault ist eine reinrassige Landstraßenmischung. Sobald Thibault bellt, kreischen mindestens acht Personen aus seinem Rudel gleichzeitig:

»Tibo!«

»Tiboo!«

»Tibooo!«

»Tiiibo!«

»Tiiiibo!«

»Bo!«

»Tibotibo!«

»Tiboooooo!«

Mit einem einzigen Wuff so viel Aufmerksamkeit zu generieren ist wunderbar. Da will man gar nicht mehr aufhören. Was auch nicht weiter stört. Der Lärm, den die zwölfköpfige, generationenübergreifende Wawatibomannschaft erzeugt, hat die Qualität eines Metallica-Konzerts.

Mittendrin im infernalischen Krach steht das königbäuchige Familienoberhaupt würdevoll im See und angelt einen Fisch.
Einen taubstummen, vermute ich mal.

Medizinische Fragen
Sind Hunde infarktgefährdet? Wenn man sich ein Leben lang täglich wegen jeder Kleinigkeit aufregt, wenn jede hüpfende Heuschrecke atomaren Großalarm auslöst, wenn man keinen Meter durchs Dorf gehen kann, ohne bis in die letzte Haarspitze zu vibrieren, wenn jeder Blick um die nächste Hausecke so spannend ist wie die letzten zehn Sekunden vor Hitchcocks Duschenmord, kippt man dann irgendwann einfach still um? Wird man dann als Hund nicht vierzehn, sondern – sagen wir mal – nur zwölf?

Schlauchkorkenspieli zwei
So, danke, Wiki!
Das Ding dümpelt nun auch verlassen im See.

Katze zum Frühstück
Eine kleine, orange Katze hat unseren Zeltplatz entdeckt und ist der felsenfesten Überzeugung, unser gemischtes Siebenerrudel müsse verstärkt werden. Luna und Wiki sehen das anders. Das Kätzchen schaut trotzdem mehrmals täglich vorbei und will wissen, wie es uns geht.
Uns geht es gut, dem Frühstückstisch weniger.
Wo wir gerade beim Essen sind:
Wer erzieht eigentlich diese vermaledeiten Siebenschläfer?

Sie rennen nachts über die Äste der Steineichen, Mandel- und Olivenbäume, ernähren sich von deren Früchten und schmeißen ihre Essensreste auf die Zelte. Kerne, Hütchen, Schalen – das prasselt wie Regen und macht *Doing* auf dem Bulliblech. Ich setze mich doch auch nicht in die Pizzeria und bewerfe Passanten mit Teigrändern!

Wo wir gerade beim Essen sind:

Ein Satz, der mich seit meinem achtundzwanzigsten Lebensjahr begleitet, lautet in der geächzten Ausführung: »Ich möchte abendspfffff nicht mehr so viel essen.« So langsam glaube ich, den stöhne ich auch mit achtundachtzig noch.

Wo wir gerade beim Essen sind:

Im Land von Bocuse, Ducasse, Drei-Sterne-Cuisine und Périgordtrüffeln werden Baguettes mit warmen Pommes belegt! Muss man sich das auf der Zunge zergehen lassen?

Wir meinen: nein!

Maçintosh

Zuerst dachte ich, mein MaçBook habe sich endgültig akklimatisiert. Ich entdecke mitten im Text ein ç mit einem Düdelchen untendran, obwohl ich das Düdelchen gar nicht getippt habe. Weiter unten hat er sogar eins an ein A und ein M gemacht.

Bei genauerem Hinsehen ist es aber nur die Kombination aus drei französischen Staubkörnern und Brillenichtaufdernase.

B.I.E.S.T.

Grasse und Manosque begeistern mit sehenswerten, etwas ranzigen historischen Innenstädten. Die Gassen sind so eng, dass keine zwei Bistrotischchen nebeneinanderpassen. Die stehen alle in einer Reihe an der Hauswand. Wenn sie besetzt sind, gehen gerade noch ein Kellner, drei Touristen und eine Krawallmaus durch. Aber wehe, es liegt ein anderer Hund unter dem Tisch oder es kommt uns an der engsten Stelle einer entgegen.

In einer dieser Extremsituationen entdecke ich plötzlich, dass unser Markerwort *Super!* noch funktioniert. Das habe ich seit Juni nicht mehr benutzt.

»Super!«

Luna wendet den Blick vom fußhupengroßen Lunch, guckt mich an und leckt sich die Lefzen.

Ich habe leider nichts zum Belohnen dabei. Aber es geht auch ohne. Mit *Super!* kommen Luna und ich durch alle Gassen. Wiki läuft wie am Schnürchen neben Max her. Besser gesagt, neben seinem Schinken-Käse-Baguette.

Steiners Rudi hatte eben doch recht. Der lehrte bereits neunzehnhundertneunzehn, dass Woche für Woche Physik pauken Unfug ist. Lieber drei Wochen intensiv reinhauen und dann sacken lassen. Wenn man sechs Wochen später weitermacht, hat sich im Hirn alles optimal verknüpft, und der ganze Kram sitzt, wo er sitzen muss.

Bei Hunden funktioniert diese Form des Waldorfschen Epochenunterrichts ganz offensichtlich auch. Drei Monate lang *Super!*-Epoche, zwei Monate Pause, Thema wieder aufnehmen – zack, passt!

Wenn das mal keine Geschäftsidee für die neue Hundeschule der Toskanarunde ist. Bombiger Name, bisschen frische Farbe ins Logo, fertig ist der Franchiseknaller.

B.I.E.S.T.

Blutwurst Intensives Epochen System Training.

Bestellen Sie Ihre DVD noch heute.

Schlauchkorkenspieli drei
Ich geb's auf!

Kobra, übernehmen Sie
Am letzten Abend spendiert der Familienfinanzvorstand oben auf der Seeterrasse des *Le Comptoir* ein fettes Eis für alle. Das ist Tradition. Einer der ortsansässigen Kater hat sich auf Krumensuche zwischen die Tische verirrt. Das ist neu.

In Lunas Hirn knallen die Synapsen, der Hund schaltet von Kopf bis Schwanz auf Jagdmodus. Wiki ergänzt den Vorgang durch vorbildlich triebiges, helles Heulen, Jaulen und Kläffen. Acht Pfoten kratzen Rillen in den Asphalt, zwei Schädel rumsen von unten gegen den Tisch, dass die Gläser klirren, siebzig Augenpaare starren uns entgeistert an.

Als Luna und Wiki zum vierten Mal Theater machen, teilen mir meine Kinder mit, dass es jetzt so langsam peinlich werde und sie schon mal vorausgingen. Netterweise nehmen sie die Hunde mit, sodass Stella und ich noch zehn seelenruhige Minuten beim Espresso haben.

Nebenan nimmt ein holländisches Paar Platz.

Die Frau schiebt ihren Foxterrier unter den Tisch.

Der Kater biegt um die Ecke.

Der Fox rastet komplett aus.

Heulen, Jaulen, Kläffen, Gläserklirren!

»Okay«, sagt Stella. »Wir können nach Hause fahren. Die Ablösung ist da.«

Wilde Wutz auf Lesereise

Während die Familie sich nach der Rückkehr verzagt fragt, in welchen Winkel des proppenvollen Hauses man sieben Kubikmeter Urlaubsgepäck stopfen soll, fahren Luna und ich weiter. *Herrchenjahre*, unser erstes Buch, ist unlängst erschienen, und wir müssen mal wieder auf Lesereise.

Sie ist bei jeder Lesung dabei und hat viel Freude daran. Gelegentlich langweilt sie sich etwas. Immerhin hat sie alle Geschichten selbst erlebt. Zu allem Überfluss hat sie auch noch zugesehen, wie ich sie aufgeschrieben habe, und musste sie sich unzählige Male von mir vorlesen lassen. Wenn Luna die drei Worte *Eddie the Beagle* hört, eine Geschichte, die ich immer mit großem Vergnügen lese, legt sie sich seufzend hin und pennt weg.

Eddie the Beagle – chhrrrrzzzzz.

Ich kenne außer ihr keinen Hund, der auf Kommando schlafen kann.

Unsere Leseabende sind schnell umrissen: Frey liest vor, Luna liegt rum. Oder umgekehrt, da sind wir uns manchmal nicht einig. In kritischen Situationen wird Blutwurst gereicht. Auf Wunsch wird gerne und reichlich signiert.

Das Publikum darf leider keine Hunde mitbringen, sonst verliert Luna die Nerven, und ich beiße mir vor Schreck auf die Zunge, die daraufhin anschwillt wie ein Schnitzel und mich zum unverständlichen Nuscheln zwingt, was auch nicht weiter tragisch wäre, weil man bei dem Schlachtenlärm in der Buchhandlung sowieso kein einziges Wort verstünde.

Was jeden Auftritt so unberechenbar macht wie eine Frontalbegegnung auf der Hunderunde, ist der Umstand, dass ich nicht den Hauch einer Ahnung habe, wie mein Hund sich aufführen wird – und wie das Publikum! Erst recht nicht, wenn die verehrte Hörerschaft bereits mit Äppelwoi, Prosecco oder Aperol vorgeglüht hat.

Hennef

Die erste Lesung meines Lebens. Ich bestehe zu hundertzehn Prozent aus Adrenalin, Lampenfieber und Rescue-Tropfen und hample gestikulierend und kopfkratzend am Tisch herum. Da ich ohne Mikro lese, bleibt mir wenigstens die Schmach erspart, mir versehentlich das Headset vom Kopf zu fegen.

Ausgerechnet diese Lesung wird auf Video aufgenommen. Als die Aufzeichnung später im Netz steht, entdecke ich in einem Hundeforum folgende Analyse: »Man beachte die Körpersprache des Autors. Wenn er so auch mit seinem Hund kommuniziert, dann wundert mich wirklich GAR nix mehr.«

Bei der gemeinsamen Signierstunde mit der ortsansässigen Hundekuchenbäckerin stemple ich einen kleinen Pfotenabdruck in meine Büchlein und fühle mich wie ein Würstchen. Die Bäckerin hat einen Stempel – ach was, ein Riesenbrett – mit dem Originalpfotenabdruck ihrer Goldiehündin dabei und hämmert es munter in ihr monumentales Keksbackbuch.

Köln

Dreigängemenü im *Limelight* in Köln-Junkersdorf. Luna und ich sind als Pausenclowns gebucht und lesen zwischen den Speisen. Auf meine dankbare Ansage, wie wunderbar ich es fände, dass so viele meinetwegen gekommen sind, hauen die

Kölner mir um die Ohren, dass keine Socke meinetwegen da sei, sondern alle nur wegen Luna.

Dafür räche ich mich wenig später fürchterlich, indem ich ankündige, als Vorspeise gäbe es Dialog von grünem Pansen und platt getretenem Laubfrosch an Ochsenziemerreduktion.

Da werden die ersten blass.

Der Rest bei dem Satz, zum Hauptgang würden sie mit Schweineleber gebarft.

Erkrath

Es sind so viele, dass die Veranstaltung geteilt werden muss. Um das Konfliktpotenzial zu minimieren, schlage ich vor, die beiden Großfraktionen der Bravhundehalter und Krawallmausinhaber von vornherein zu separieren.

Fangfrage im Vorverkauf: Haben Sie eigentlich noch eine Hundehaftpflicht?

Hinterher saßen dann doch alle gemischt, und der erste Abend war so wundervoll wie der zweite.

Wie üblich legt sich Luna imageschädigend zum Schlafen nieder, sodass ich mir einmal mehr die Bemerkung anhören muss, der Hund sei ja eine Wucht, was ich denn bloß habe, Luna sei so was von lieb, an dem Buch über die wilde Wutz stimme wohl gar nichts.

Die nette Buchhändlerin bietet an, ihren Kater Rudi kurz durchs Publikum zu schicken, damit jeder weiß, wovon ich spreche. Ich kenne Rudi und lehne dankend ab. Rudi gehört zu der Sorte Kater, die nicht weglaufen, wenn ein Hund kommt, sondern stehen bleiben, sich umdrehen und die Messer wetzen. Soll mein Hund ein Auge verlieren, nur wegen eines ungläubigen Thomas im Publikum?

In der Pause stehen alle vor der Tür. Ein zarter Cockerspaniel trottet mit seinem Herrchen durch die Fußgängerzone. Sie laufen viel zu nahe an der Buchhandlung vorbei. Luna detoniert kurz, aber heftig.

Na bitte, geht auch ohne Katergemetzel.

Reinheim
Wir lesen in der Äppelwoikneipe *Zum kühlen Grunde*. In einem schwachen Moment gestehe ich, dass ich aufgrund eines frühkindlichen Traumas noch nie Äppelwoi getrunken habe.

Als ich klein war, musste ich früher jeden zweiten Samstag zur Oma. Da traf sich um fünfzehn Uhr dreißig die ganze Familie. Die Tante, die in der Bäckerei bediente, brachte Restkuchen mit. Um sechzehn Uhr war der Kaffee warm und der Fernseher vorgeglüht. *Blauer Bock!* Die Hölle! Heinz Schenk erzählte Witze, die ich nicht verstand, die Band war das Grauen, alle schwenkten Bembel, zwischendurch jodelten drei waghalsig geföhnte Herren a cappella unter dem Künstlernamen Medium-Terzett. UND DU BIST SIEBEN UND KANNST NICHT WEG!

Nach der Pause bekomme ich den ersten Äppelwoi meines Lebens gereicht, einen sogenannten *Süßen*, der so sauer ist, dass ich gar nicht wissen will, wie der saure schmeckt. Überdies habe ich das Gefühl, ich trinke Fruchtsaft; im Kopf kommt aber so etwas Ähnliches wie Stroh Rum Achtzig an. Danach habbe ich leise Swirichkeiten mit einem Texsst, in dem dreimal *Hannibal Smith* und einmal *Hannibal Smiths Pläne* pforkommd.

Ich finde mal wieder kein Ende. Gegen dreiundzwanzig Uhr stellt sich Luna demonstrativ in den Scheinwerfer und gähnt.

Mettmann

Als ich von unserer großen Abschlussprüfung erzähle, wo alle Hunde in der Düsseldorfer Altstadt liegen und Bratwürste vor der Schnauze haben, die sie nicht verzehren dürfen, fragt tatsächlich ein Zuhörer, wer eigentlich die Bratwurst bezahlt habe.

Das habe ich mich in den vergangenen sechs Jahren noch kein einziges Mal gefragt. Aber jetzt fällt es mir wie Schuppen von den Augen: ich!

Hunderte von Euro für einen Hundekurs ausgegeben und die Bratwurst auch noch selbst bezahlt!

So eine Sauerei!

Dormagen

Es ist bereits Ende September, aber immer noch brütend heiß. In der Buchhandlung herrschen geschätzte zweiunddreißig Grad. Wie bei fast jeder Lesung wird zuerst Luna vorgestellt und irgendwann dann auch ich unter *ferner liefen*.

Pfff! Dann soll halt der Hund was machen, und ich lege mich auf die rote Decke.

Datteln

In den *Krawallmaustagebüchern* jammere ich öffentlich, dass Luna immer Leckerchen auf den Lesungen kriegt und ich nicht. Simone bietet mir an, frischen Zwetschgenkuchen nach Datteln mitzubringen. In doppelt gesicherter Tupperware, damit Luna nichts merkt! Ich lehne ab mit der Begründung, ich könne mit vollem Mund so schlecht vortragen. Ich Idiot! Wo ich doch nach den Lesungen immer so einen Kohldampf schiebe, weil ich vorher stundenlang nichts essen kann.

Auf der Heimfahrt grüble ich darüber, ob sich positive Bestärker auch schon mal gegenseitig beschimpfen und wenn ja, wie.
Du Schleppleineamhalsbandbefestiger, du!
Sei bloß still, du Hundnachoptischengesichtspunktenkäufer!

Dülmen

Ich gebe *Schulstraße* statt *Schulgasse* in das Navi ein und lande pünktlich zu Lesungsbeginn im neun Kilometer entfernten Stadtteil Rorup.

Die richtige Buchhandlung – wir finden sie doch noch – riecht sehr interessant, weil es da einen Labbirüden als Ladenhüter gibt. Der ist zwar persönlich nicht anwesend, olfaktorisch aber schon. Ich bete im Stillen, dass meine Rüdin nicht markiert. Vor allem nicht ins Bildbandregal, wo die ganz teuren Schinken stehen.

Wasserschaden wäre mal etwas Neues für unsere Haftpflicht.

Velbert

Vielleicht liegt es daran, dass der freundliche Buchhändler im historischen Stadtkern von Langenberg Katzen statt Hunde hält. Oder mein Verlag den Beipackzettel zur Lesung verbaselt hat. Oder Langenberger einfach cooler sind als ich. Als ich vier Tage vor der Lesung anrufe, um Details abzustimmen, rutscht mir jedenfalls das Herz in die Hose.

Aus *Publikumshunde müssen leider draußen bleiben!* ist in der Vorankündigung ein launiges *Publikumshunde willkommen!* geworden.

Der Buchhändler verspricht, diese Bombe rechtzeitig zu entschärfen.

Hat er geschafft.

Pulheim

Die netten Damen von der Buchhandlung servieren ihrer Kundschaft selbst gefertigtes Käsegebäck. Da es Weißwein zum Keks gibt, füttert die Zuhörerschaft enthemmt Fremdhunde.

Ich muss mich keine Minute um Luna kümmern.

Sie ist mit Schnorren beschäftigt.

Ahlen

Wo andere Publikümer vor Lachen zusammenbrechen, schmunzelt der Ahlener höchstens. Selbst die Geschlechtsverkehrpassage bei *Eddie the Beagle*, eigentlich ein Garant für anhaltendes Gejohle, wird nur mit verhaltenem Lächeln gewürdigt.

Ich bin irritiert und verzweifle langsam.

Die kriegst du nie gepackt, denke ich.

»Das war sooo schön«, freut sich am Schluss die Buchhändlerin. »Die sind ja heute dermaßen aus sich rausgegangen.«

Als ich sie mit kugelrunden Augen anstaune, erklärt sie nur: »Westfalen!«

Bad Lippspringe

In der fünfundvierzigsten Lesungsminute verschwindet Luna aus meinem Sichtfeld. Wenig später höre ich hinter meinem Rücken dramatisches Reißen von Papier. Das darf jetzt nicht wahr sein! Luna frisst doch keine Bücher. Im zarten Alter von sechs Monaten hat sie einen *Harry Potter* angenagt. Seither nie wieder! Bücherschreddern ist eine Baustelle, die wir nie hatten. Warum denn ausgerechnet jetzt?

Als das Reißen immer lauter wird, unterbreche ich kurz und gehe meine Luna suchen. Ich finde sie in der Bilderbücherecke, wo sie eine aus dem Büromülleimer gemopste Brötchentüte fein säuberlich in Streifen zerlegt.

Duisburg

Perfekter kann ein Timing nicht sein. Während ich erzähle, wie Luna in Bad Lippspringe eine aus dem Büromülleimer gemopste Brötchentüte fein säuberlich in Streifen zerlegt, mopst Luna aus dem Büromülleimer eine Brötchentüte und zerlegt sie fein säuberlich in Streifen.

Davon wird hinterher nichts in der Zeitung berichtet. Dafür steht in der Überschrift in fetten Lettern *Frey Dodillot*. Nachnamen werden überschätzt.

Versmold

Während wir hinter der Bühne auf unseren Auftritt warten, stöbern wir in Hundeforen nach wunderlichen Diskussionen. Das ist immer ein gutes Warm-up.

Wir werden schnell fündig. Die hygienebewusste Halterin eines Schäferhundmischlings wünscht nicht, dass der Hund in ihrer Abwesenheit aufs Bett hopst, und möchte es ihm mithilfe eines fernbedienten Sprühhalsbands mit Limettenduft abgewöhnen.

Dafür gibt es zunächst mächtig Prügel von allen Seiten. Nachdem sich die Wogen der Empörung über diese ignorante Brutalohalterin und ihr tierschutzrelevantes Treiben geglättet haben, kommen konstruktive Vorschläge, wie sich das Problem lösen lässt, ohne dass der arme Hund ins Meideverhalten getrieben wird. Unter anderem wird empfohlen, einen Elektrozaun um das Bett zu bauen oder zwanzig gespannte Mausefallen auf der Steppdecke zu platzieren.

Unbezahlbar! Eine Sternstunde bundesdeutschen Forenschaffens.

Gegen acht ist der Zuschauerraum voll, der Scheinwerfer an und der Star des Abends angekündigt. Wie üblich bin das nicht ich!

Meine Diva fegt auf die Bühne, schnuppert kurz und hopst dann sofort in den Zuschauerraum. Dort baut sie sich vor der Buchhändlerin auf, die sie bei der Ankunft mit einer knisternden Tüte Knabberzeug begrüßt hat, und bleibt für den Rest des Abends bei ihr. Unterbrochen von gelegentlichen Ausflügen zu anderen Knistertütenbesitzern und – da war doch noch was? Ach ja! – kurzen Aufenthalten bei der Torfnase auf der Bühne.

Ratingen

Nachdem uns der Leiter der Stadtbibliothek Ratingen angekündigt hat, lasse ich Luna wie gewöhnlich ins Publikum brettern. Eine Frau springt kreidebleich in die Höhe und schreit: »Nehmen Sie den weg. Ich habe panische Angst vor großen Hunden!«

Das hatten wir auf unseren Lesungen auch noch nie.

Die Redakteurin der *Rheinischen Post* ist von der Szene so beeindruckt, dass sie anderntags titelt *Lesung mit Mann und Hund – Frau flüchtet!* Meine Lieblingsstelle in dem Artikel ist die, wo sie meine Lesung mit dem Heizdeckenverkauf einer Seniorenkaffeefahrt vergleicht, mit dem Unterschied, dass bei uns die Tür nicht abgeschlossen gewesen sei.

Dabei habe ich nur gesagt, dass es noch ein Hörbuch gibt.

Düsseldorf

Luna und ich lesen in einer gut versteckten Location im alten Industriegebiet von Düsseldorf-Heerdt. Durch die großen Scheiben des *Canonicus Loft* im vierten Stock können wir auf die Straße blicken und sehen immer dasselbe Schauspiel.

Auto kommt. Auto wird langsam. Auto steht. Auto fährt weiter.

Auto wendet. Auto wird langsam. Auto steht. Auto fährt weiter.

Man kann den Dialog im Cockpit förmlich hören.

Navi: »Sie haben Ihr Ziel erreicht!«

Fahrer: »Hä?! Kann nicht sein.«

Die Lesung ist dann so vergnügt wie immer.

Wir fangen nur etwas später an.

Püttlingen

Beim Signieren:

»Könnten Sie da bitte *Für Balou* reinschreiben?«

»Gern. Schreibt sich das mit u oder mit ou?«

»Is' egal. Der hört eh nicht auf seinen Namen.«

Die Ogottogott-Überraschungen

»*Irgendwas ist immer.*«
»*Das kannst du laut sagen.*«
»*Irgendwas ist immer!!!*«

Der Neunhundertachtzig-Euro-Hammer

Wenn du dich ganz sicher fühlst und glaubst, du kennst deinen Hund nach sieben Jahren in- und auswendig, holt er garantiert mit der ganz großen Keule aus. *Überraschung!!!* Plötzlich gräbt er Rabatten um, obwohl er jahrelang nur friedlich auf dem Rasen lag. Oder er greift große, grüne Traktoren an. Manche fangen an, Schnecken zu fressen, als wären sie indische Laufenten, andere besinnen sich auf den inneren Wolf und kauen Mäuse. Immer dann, wenn der Mensch denkt, er hätte schon alles erlebt, kommt die nächste Prüfung. Warum sollte es mir besser ergehen als allen anderen Hundehaltern?

Luna hat eine nagelneue Macke.

Sie guckt!

Liege ich im Bett und lese, setzt sie sich daneben und guckt mich an. Sie brummt nicht, sie fiept nicht, sie guckt nur.

Es irritiert mich beim Lesen, wenn ich ständig angeguckt werde. Ich denke dann immer, mit mir stimmt etwas nicht. Frisur doof, Pyjama albern oder falsches Buch in der Hand, minderwertige Unterhaltungslektüre zum Beispiel oder lustige Katzengeschichten.

Luna guckt. Auch auf ein energisches *Was guckst du?* reagiert sie mit stummem, herzzerreißendem Blick aus tiefbraunem Auge. Gut, stumm ist der Blick nicht. Es ist ein sprechender Blick. Er sagt: Ich will auch ins Bett.

Das hat sie früher schon probiert. Nach einer Minute strammen Ignorierens war das Thema aber erledigt, und sie verzog sich ins Körbchen. Offensichtlich hat ihr die hartnäckige halbe Terrierportion beigebracht, dass man so etwas gut und gerne auch fünfundzwanzig Minuten durchhalten kann, ohne ins Wanken zu geraten.

Ich wedle mit dem eReader vor ihrer Nase herum.

Sie bleibt stur sitzen.

Und guckt!

Ich liebe Bücher. Ich mag, wie sie riechen, wie sie aussehen, wie sie sich anfühlen. Über meinen neuen eReader und seinen proppenvollen Bücherspeicher freue ich mich trotzdem. Der erspart eine Menge Verdruss.

Vorbei sind die Zeiten, wo man noch schnell drei Extrabücher in den Koffer stopft und vom Billigflieger einen Gepäckaufschlag aufgebraten bekommt, der die Preisvorteile der letzten zwanzig Flüge mit einem Schlag zunichtemacht und einen so leichenblass anlaufen lässt, dass vierzehn Tage Mittelmeersonne das nicht auszubügeln vermögen.

Kurz vor dem Augenzufallen das Buch mit letzter Kraft auf den Nachttisch schieben, dabei den kompletten Bücherturm runterwerfen und alle Kinder wecken gehört ebenfalls der Vergangenheit an. Ich muss auch nicht mehr den Buchrücken brechen, wenn ich nach einem Viertel des Taschenbuchs die Buchstaben am inneren Rand nicht mehr gut lesen kann. Bei dieser Aktion lösen sich immer mindestens drei schlecht gebundene Seiten, die fortan einen halben Millimeter rausgucken und nerven, egal wie sorgfältig ich sie wieder zurückstecke.

Luna guckt.

Das verliehene Lieblingsbuch nicht mehr zurückkriegen und dummerweise nicht mehr wissen, wem ich es mit dem Hinweis *Das brauche ich unbedingt wieder!* anvertraut habe, kann mir ebenfalls nicht mehr passieren. eReader verleiht man nicht. eReader sind auch nicht in Bücherfolie eingeschweißt, die so zäh ist, dass sie sich mit den Fingern nicht aufreißen lässt, sodass der Leser zum Küchenmesser greift und prompt den Buchumschlag aufschlitzt.

Luna guckt.

Ich muss auch nie wieder beim Lesen im Bett einen schweren Schmöker ächzend auf der Brust absetzen, wo er eine Kerbe in die Haut drückt. Auch werde ich nicht mehr zehn Minuten später von einem Ziegel geweckt, der mir rachsüchtig auf die Nase knallt, nur weil ich auf Seite dreihundertsechsundzwanzig kurz eingenickt bin. Wer einen eReader hat, liegt auch nicht mehr aufgeweicht, schrumpelig und fröstelnd im viel zu kalten Badewasser, weil er das Kapitel unbedingt noch zu Ende lesen will. Einen eReader nimmt man nicht mit in die Wanne. Dafür ist er zu teuer. Das ist übrigens der Grund, warum der eReader das gebundene Buch nicht komplett ersetzen wird. Als Badewannenbuch wird es immer in unseren Herzen bleiben.

Bis irgendwann eBathing erfunden wird.

Luna guckt.

Ich bleibe hart wie ein altes Brötchen. Nach einer halben Stunde trollt sie sich. Am anderen Morgen knabbert sie aus Rache so lange den eReader an, bis er funktionsunfähig ist.

Überraschung!!!

Luna hat noch nie in ihrem Leben Bücher verzehrt. Diese Baustelle haben wir nicht. Wer so viele Baustellen hat wie wir, ist froh um jede, die er nicht hat.

Offensichtlich hat sie nur auf einen eReader gewartet.

Sie ist ein moderner Hund.

Hunde sind Opportunisten, verkünden einige der Erziehungsratgeber auf meinem verstorbenen eReader. Sie machen nur das, was angenehm ist und ihnen Vorteile einbringt. Luna scheint diese Theorie nicht verinnerlicht zu haben, auch wenn sie den halben eReader intus hat.

Sie hat nun wirklich oft genug erlebt, wie angenehm, vorteilhaft und blutwurstig es sein kann, wenn sie brav an anderen Hunden vorbeiläuft. Trotzdem zieht sie am Rad den Rabatz vor. Bei ihren aufgebrachten Aktionen kann es durchaus geschehen, dass ihr ein Reifen über die Pfote fährt, die Rute sich in der Kette verheddert oder der Hintern gefährlich nahe an den Speichen entlangschrappt. Offensichtlich ist das aber alles besser, als in Ruhe und Frieden zugewurstet zu werden.

Zu dritt ändert sich daran nichts.

Wiki läuft außen an der langen Leine, Luna innen an der kurzen. Wenn Luna ausrastet, weicht Wiki aus und sichert die Flanke. In der Regel lässt er sich von ihrem Trara nicht anstecken. Gelegentlich ist er ihr im Weg. Dann will sie ihn verkloppen. Wenn sie schon nicht an die anderen herankommt, dann soll wenigstens Wiki dran glauben.

Wenn Wiki schlechte Laune hat, kloppt er zurück. In diesen Fällen muss ich kurz anhalten, absteigen und beiden die Leviten lesen. Meistens aber hat Wiki seine aufgebrachte Rüdin lieb. Sobald ihre Wut verraucht ist, hopst er um Luna herum und knabbert an ihrem Hals.

Bei zwanzig Sachen!

Für mich als Fahrer ist Knabbern ähnlich anspruchsvoll wie Kloppen. Beim Knabbern wird Wiki meistens von seinem eigenen Hintern überholt. Er gerät vor das Vorderrad, ich eiere im großen Bogen um ihn herum und denke verstärkt über das Tragen eines Motorradhelms nach.

Wenn Luna mal muss, hockt sie sich in voller Fahrt einfach hin. Das fühlt sich an wie Ankerumeinenbaumwerfen. Das Schultergelenk jodelt, und der Orthopäde grüßt. Wiki hingegen zieht im Normaltrab leicht nach rechts außen. Dann wissen alle Bescheid: Der Meister braucht ein Bäumchen.

Komisch wird es, wenn beim Wasserlassen der integrierte Münsterländer zum Vorschein kommt. Wiki entdeckt plötzlich Beute im Gras, eine Maus, ein Insekt, egal was, und erstarrt vorschriftsmäßig. Manchmal steht er so sehr unter Strom, dass er gar nicht bemerkt, dass er schon längst fertig ist. Hinten schwebt das Beinchen noch oben, vorne starrt das Auge auf Wasimmersichdabewegt.

Wenn wir eine Pause machen und mit Bekannten plaudern, sichern beide Hunde die Umgebung nach entgegengesetzten Seiten. Sie sitzen Rücken an Rücken. Der eine guckt den Weg hoch, der andere den Weg runter. Mir kann im Wald nichts passieren. Ich habe ein eigenes Sondereinsatzkommando.

Die Nahrungsaufnahme am Fahrrad beherrscht Wiki perfekt. Nüsse, Kastanien, Pferdeäpfel, Fallobst, Eicheln, Zwetschgen, Kuhfladen – alles kein Problem. Das wird im Rennen von der Straße gesaugt, genüsslich gekaut und hinuntergewürgt.

Überraschung!!!

Es ist ansteckend.

Luna frisst den ganzen Scheiß seit Neuestem auch.

Als ich Wiki wegen vorbildlichen Verhaltens am Fahrrad mit einem Leberkeks belohnen will, lehnt er ab. Er sieht den Keks und dreht den Kopf zur Seite. Dabei hat er so einen seltsamen Zug um die Schnauze, dass ich mir ernsthaft Sorgen mache. Wiki muss krank sein. Irgendwann wird mir klar, dass der Keks gar nicht in die Schnauze kann, weil da schon etwas drinsteckt. Der läuft seit fünf Kilometern mit zwei dicke Pfirsichkernen im Maul neben mir her.

»Nimm doch mál Rescue-Tropfen!«, sagt meine Frau. »Dann regst du dich unterwegs nicht immer so auf. Und gib den Hunden auch gleich welche!«

Luna tickt nur aus, wenn sie an der Leine ist und mich direkt hinter sich weiß. Niemals würde dieser Hasenfuß fünfzig Meter zu einem anderen Hund überbrücken und alleine auf sich gestellt Stunk machen.

Dieses Wissen gibt viel Sicherheit im Freilauf. Bei Hundesichtung rufe ich sie zu mir. Sie gehorcht. Das ist seit acht Jahren so sicher wie das Amen in der Kirche.

Genauso sicher ist aber auch, dass Krawallmausinhaber sich niemals – *Überraschung!!!* – in wohliger Zufriedenheit sonnen sollten. Dies wird vom Schicksal als provokante Selbstüberschätzung betrachtet und umgehend abgestraft. In unserem Fall mit einer gegnerischen Tierarztrechnung in Höhe von neunhundertachtzig Euro und fünfundvierzig Cent.

Seither weiß ich fünferlei.

Erstens. Luna überbrückt fünfzig Meter neuerdings doch.

Zweitens. Ein kleines Loch in der Nackenschwarte einer zwölf Jahre alten Schäferhündin namens Bella kann einen komplizierten Heilungsprozess nach sich ziehen, weil die Wundtasche unter der Haut groß ist und sehr schwer keimfrei gehalten werden kann.

Drittens. Der Fachausdruck, warum meine Versicherung nur die Hälfte zahlt, wenn zwei abgeleinte Hundedamen aufeinander losgehen, lautet *mithaftende Tiergefahr*.

Viertens. Ich würde Bellas mithaftende Tiergefahr auch das nächste Mal wieder aus eigener Tasche bezahlen.

Fünftens. Bevor ein Veterinär am Sonntagmittag die Ärmel hochkrempelt, solltest du mit deinem Banker ein vertrauliches Gespräch geführt haben.

Es ist aber auch ein Klassiker.

Luna und ich spazieren die Wiese entlang. Bella taucht auf. Luna läuft hin. Während des Beschnupperns tauscht man sich aus.

Die Alte: »Mein Revier, Baby. Ich gehe seit zwölf Jahren diesen Weg.«

Die Junge: »Dann wird's jetzt höchste Zeit für die Ablösung.«
KAWUMM!

🐾

Ich habe Luna mit einer Fünfmeterleine an meinen Hosengürtel gebunden und schlurfe entspannter als entspannt durch das sonnige Düsseltal. Während Luna um mich herum schnüffelt, rufe ich mit dem Telefon meine E-Mails ab und beantworte sie. Die Leine hängt durch. Ich bemerke nichts. Rein gar nichts.

Von hinten kommt ein Jogger mit Hund.

Während ich mit gesenktem Kopf und –Brille vergessen! – zugekniffenen Augen Buchstaben auf dem Bildschirm antippe, dreht Luna sich um und nimmt die beiden aufs Korn. Ich wache erst auf, als ich von der zum Bersten gespannten Leine herumgerissen werde und mein Blick auf Luna fällt, die vor dem Joggerhund zappelt und Gift und Galle spuckt, weil sie den fehlenden Meter nicht überbrücken kann.

Überraschung!!!

Seit Jahren reden mir alle Krauses ein, ich übertrage bei Hundebegegnungen meine Anspannung über die Leine auf den Hund und feuere ihn durch mein falsches Verhalten an. Von wegen! Es hängt gar nicht von meiner Stimmung ab. Die Mistbiene greift von sich aus jeden an. Die will sogar noch durch das Zaunloch in den Garten neben der Sternwarte kriechen und Molli verhauen, die das Haus bewacht.

Wo ich gerade beim Lamentieren bin:

Ich komme mit einem Arm voller Hundefutter aus dem Laden. Ich habe mir keine Tüte geben lassen. Ich trage alles links. Unter dem linken Arm ein Fünfkilopack Trockenfutter, in der linken Hand eine Tüte getrockneten Pansen, darüber türmen sich fünf Dosen bis zum Kinn. Die rechte Hand habe ich freigehalten, damit ich an den Autoschlüssel in meiner rechten Jackentasche komme und das Auto aufblippen kann. Ich finde den Schlüssel nicht.

ER IST GRUNDSÄTZLICH IN DER LINKEN JACKENTASCHE!

DA WO MAN VOLLBEPACKT NICHT DRANKOMMT!!

IMMER!!!

Merkwürden auf dem Weg zur Heiligkeit

Mit der Datierung unserer Familienfotos ist es so eine Sache. Vorne drauf steht meistens 1. Januar 1990, weil keine Socke die Datumsanzeige an der Kamera richtig einstellt. Auf die Rückseite druckt das Labor gnadenlos *Juni 2012*, obwohl es sich einwandfrei um Winterbilder handelt. Da unentwickelte Filme bei uns länger liegen, könnte es sich um Winter 2011 oder Winter 2012 handeln.

»2011«, sagt Marie. »Da war Wiki noch nicht lange bei uns.«

»2012«, sage ich. »2011 hat er noch nicht stillgehalten beim Knipsen.«

Aus Wikis flummihaften Anfangszeiten haben wir nur Bilder, auf denen ein schwarzweißer Strich zu sehen ist.

»Egal«, sagt Lotta. »Auf jeden Fall ist das supersüß.«

Sie reicht den Abzug über den Tisch. Wiki steht in der Wintersonne auf einem zugefrorenen Teich und guckt in die Ferne. Durch die fahle Lichtstimmung wirkt das Eis klar wie Wasser.

»Verharret in Ehrfurcht! Huldiget und preiset!«, rufe ich. »Merkwürden kann übers Wasser laufen!«

»So sieht's aus«, sagt Stella.

Zur Senkung der laufenden Haushaltskosten – insbesondere der Posten Weinkeller, Krankenversicherung und Backwaren – beauftragen wir Wiki ab sofort mit drei weiteren Projekten: Wasser in Chablis verwandeln, kranke Teenager heilen und Brotvermehrung.

Leider versteht er einiges falsch.

Während ich eines Morgens in der Küche stehe und Schulbrote schmiere, ertönt aus dem ersten Stock ein lautes Poltern und Fiepen. Ich sehe nach dem Rechten. Wiki hat aus dem Büro den Pfotenstempel gemopst, mit dem ich immer signiere. Die Farbe schmeckt ihm nicht. Er flüchtet ohne Beute.

Ich rette meinen Stempel und bringe ihn wieder ins Büro zurück. Als ich in die Küche zurückkehre, hat er die Schulbrote gefressen.

An der Brotvermehrung müssen wir noch arbeiten.

An der Teenagerheilung ebenfalls.

Man kann nämlich keine Kranken heilen, wenn man die Wundsalbe frisst. Fünfzig Milliliter Penatensalbe sind spurlos verschwunden. Das goldblaue Döschen ist blitzblank geschleckt, der Deckel zerkaut. Zwei Stunden später ist die Salbe wieder da. Wiki kotzt sie auf den Küchenfußboden. Es ist sechsmal mehr, als vorher in der Dose war. Ein Wunder!

An dieser verwegenen Mahlzeit hat er den ganzen Tag zu knabbern. Im Bäuchlein rumort es hörbar. Ab und an brummt der kleine Hund. Später in der Nacht gegen halb drei steht Wiki vor mir und fiept mich wach. Genau in dem Moment, wo ich meine Augen aufschlage und in seine gucke, macht es an seinem hinteren Ende explosionsartig PFRRRZZ-PLSCHHHHHHSSSHHH!

Man muss die Angelegenheit positiv sehen. Seine Kotze bewacht er knurrend, Dünnschissfladen nicht. Keinerlei Beuteaggression! Das ist doch wunderbar, denke ich und schrubbe den Holzboden. Was soll man nachts um drei auch anderes unternehmen, um sich die Langeweile zu vertreiben.

Klauen, fressen und kotzen ist eins. Wikis kulinarische Exzesse sind vielfältig. In unserer Abwesenheit hopst er auf den Küchentisch und frisst zwei Marzipanriegel der Sorte Wodka-Feige, drei schlanke Bienenwachskerzen und ein Teelicht. Zum Beweis hinterlässt er auf seiner Decke zwei violette Knisterpapierchen, drei Dochte und eine zerkaute Aluminiumhülle.

Bei diesem Hund paart sich Kleptomanie mit Hochbegabung. Der Drecksack ist so schlau wie zehn Einserabiturienten. Rappeldosen-Birgits Warnung, Wiki auf keinen Fall mehr Gelegenheit zum Diebstahl zu geben, klingelt in meinen Ohren. Aber wir sind hier zu fünft und passen nicht immer so gut auf, wie wir sollten. Manchmal bemerken wir noch nicht einmal, dass er in der Küche ist. Eingeringelt wie eine Boa constrictor liegt er still und starr in der Ecke und schielt mit einem Auge auf die Mülleimerklappe unter der Spüle. Wird Max sie wieder schließen? Oder hat er es so eilig wie immer und lässt sie offen? Max entscheidet sich für einen Kompromiss. Er schlägt die Klappe so fest zu, dass sie sich von selbst wieder einen Spalt öffnet, und rennt aus der Küche. Schon schlängelt sich die Boa über den Küchenfußboden, vergrößert den Spalt mit der Nase, klaut die halbe ausgehöhlte Wassermelone aus dem Mülleimer und frisst sie samt Schale auf. Kein Mensch wird Zeuge dieser Untat. Die Familie bemerkt den tragischen Verlust Stunden später aufgrund mysteriöser Schalenreste und eines feuchten Flecks auf dem Läufer.

Als er die Süßigkeitenschublade aufstemmt, komme ich beinahe rechtzeitig. Die Packung Doppelkekse befindet sich quer in seinem Maul, ist aber noch nicht verzehrt. Kleinigkeit, denke ich, wir tauschen einfach süß gegen salzig. Ich wedle mit einer Scheibe Salami vor seiner Nase. Nichts passiert. Wiki sitzt da wie eine Statue, hält die Keksrolle zwischen den Zähnen und macht RRRRRRRRRR. Ich lege ihm die Wurstscheibe auf die Nase und drücke sie an beiden Seiten fest an die Lefzen. Die Statue rührt sich nicht und macht RRRRRRRRRR. Ich überlege kurz, stehe dann auf und hole aus dem Kühlschrank eine weitere Scheibe. In diesem Augenblick zuckt die Statue, die Salami flattert in die Höhe, der Fang öffnet sich, die Doppelkekse schweben, die Salami landet obendrauf, die Zähne umschließen jetzt sowohl süß als auch salzig, die Statue erstarrt und macht RRRRRRRRRR.

Das nächste Mal bin ich auf dem Posten. Ich drücke ihm eine weitere Salami auf die Nase und erlebe *Matrix*. Extreme Slow Motion! Die Statue zuckt. *Flebflebflebfleb* – die Salami dreht sich durch die Luft, die Lefzen flattern, das Maul öffnet sich. Meine Hände schießen nach vorn und packen meine Kekse mit gnadenlos eisernem Griff. Mit einer Rückwärtsrolle bringe ich mich und meine Kekse in Sicherheit.

Jedes Mal, wenn Wiki anfängt, Mist zu bauen, verlässt Luna

den Raum. Der Blick, den sie mir dabei zuwirft, erinnert an den alten Esso-Slogan: *Es gibt viel zu tun. Fangt schon mal an.*

Wiki klaut unsere Schuhe und verschleppt sie. Er bezieht Posten vor der Terrassentür und verteidigt seinen Platz wie eine Armee. Er kämpft mit mir um einen Eisenhaken, den Lotta in der Schule geschmiedet hat. Er schleicht sich hinter meinem Rücken aufs Sofa. Er mopst aus Lottas Zimmer einen Tetra Pak mit anderthalb Litern rotem Multivitaminsaft, rennt fauchend an Stella vorbei, hopst in Maries Bett und macht sich kampfbereit.

Der Knabe verarscht uns nach Strich und Faden. Bis die Sache mit dem Apfelkuchen passiert. Danach ist Schluss.

»Arbeitet er wenigstens für sein Essen?«, fragt Ralf und säbelt ein großes Stück Pizza ab. »Ich meine, hat er Wachhundqualitäten?«

»Das wäre wenigstens eine kleine Entschädigung für den ganzen Zirkus«, sagt Juppi und guckt misstrauisch unter ein Salatblatt. »Das schmeckt hier nicht.«

In der T-Bar gibt es keine Tapas mehr. Der Wirt hat beschlossen, die Küche zugunsten seiner qualmenden Stammgäste aufzugeben. Auf einen Kompromiss – erst nach dem Essen rauchen – wollte sich der spröde Herr von der Gewerbeaufsicht nicht einlassen.

Auf der Suche nach einer neuen kulinarischen Bleibe ist die Toskanarunde in einer Kölner Pizzeria gelandet. Launige Kellner mit römischen Müttern, indische Köche, schmutzige Gläser, grottenschlechtes Essen. Dazu orgelt live Brad Cramer aus New York.

Keine Ahnung, wem der Pizzeria-Chef noch einen Gefallen

schuldig ist. Freiwillig wird er sich das nicht angetan haben. Täglich ab zwanzig Uhr sitzt Brad voll wie eine Strandhaubitze hinter einer selbsttätigen Hammond-Orgel, die ihm den Takt und sogar die Melodie vorgibt. Die Elektronik verlangt von Brad nur Begleitakkorde. Er haut zuverlässig daneben.

»Aufpassen kann Wiki schon«, sage ich. »Neulich stand unser Nachbar rauchend vor der Haustür, nachdem er sich drei Monate lang nicht sehen ließ. Wiki segelte wie eine Granate über den Zaun und stellte den Mann auf dessen eigenem Gelände. Das war formvollendet, doch, aber für meinen Geschmack musste ich hinterher viel zu viel erklären. Hört mir eigentlich einer zu?«

»Singt der da etwa *I did it my way*?«, fragt Peter.

»Er nimmt den Titel wörtlich«, sagt Ralf. »Er macht's auf seine Art. Es ist zum Heulen.«

»Kein einziger Italiener in der Küche«, sagt Juppi. »Außerdem fresse ich einen Besen, wenn unser Ober eine römische Mutter hat.«

»Steht bestimmt auch auf der Karte«, sagt Walter. »Besen capricciosa.«

»Nach unserem letzten Treffen hat er sogar mich gestellt«, sage ich.

»Wer? Der Ober?«, fragt Peter.

»Wiki«, sage ich. »Ich stehe im stockdunklen Hausflur und schließe gerade die Tür ab, da brettert er in mich hinein wie ein Polizeihund. Als wir letztens bei unserer Omi am Bodensee waren, legte er sich quer vor die Wohnzimmertür und bewachte eine alte Brötchentüte.«

»Ich finde das gut«, sagt Walter. »Bei euch darf ein Hund auch noch Hund sein.«

»Sag das mal der Omi«, sage ich. »Sie war alleine mit der Brötchenpolizei und konnte zwei Stunden nicht aufs Klo, weil Wiki die Tür nicht freigegeben hat. Erst als wir vom See zurückkamen, hat er sie durchgelassen.«

»Vorbildlich«, sagt Juppi. »Der Hund spart Wasser und Energiekosten.«

»Auf der Hundewiese bewacht er Marie«, sage ich. »Zwischendurch sucht er sich Mädels zum Spielen. Die will er besteigen, kriegt aber jedes Mal einen Satz heiße Ohren. Neulich hat er einem Rüdenbesitzer ans Bein gepinkelt, dass dem die Brühe in die Gummischuhe lief.«

»Warum nimmt der das Bein nicht weg?«, will Ralf wissen.

»Das weiß ich nicht«, sage ich. »Ich war nicht dabei. Bei uns zu Hause macht er mittlerweile kaum noch Beute. Dafür bewacht er jetzt Zimmer, in denen er früher mal Beute gemacht hat. Hockt sich in den Flur und knurrt Passanten an.«

»Man muss ihn einfach lieben«, sagt Peter.

Alle stimmen ihm zu, kauend und nickend. Meine Toskanarunde hatte schon immer ein großes Herz für Knallfrösche.

Wenn Besuch kommt, ergeht neuerdings von ganz oben der Befehl *Decke!!!* Dann muss die kläffende Brut auf ihrer Decke sitzen bleiben, bis sie abgeholt wird. Sie kann auch liegen, rauchen oder Kopfstand machen, ganz egal. Hauptsache *Decke!!!* Verblüffenderweise halten die beiden sich dran, Luna wie Wiki, brav wie die Lämmer.

Das wiederum ist sehr praktisch, falls wieder einmal Zeitungsredakteure im Haus sind, die Angst vor Hunden haben, mit zitternden Fingern ihr Notizbuch füllen und das Geschriebene hinterher nicht mehr lesen können. Anders kann ich es mir nicht erklären, dass in dem Artikel später nicht *der durchtrainierte, sensationell gut aussehende, fabelhaft frisierte, gewinnend lächelnde Endvierziger* steht, sondern eine äußerst grenzwertige Formulierung, die an Dickmops mit albernem Siebzigerjahrestyling erinnert: *stattlicher Werbetexter mit Meckifrisur*.

»Ich bin nicht stattlich«, sage ich. »Helmut Kohl ist stattlich. Oder Hagrid. Aber ich nicht.«

»Ihr werdet sehen, Wiki wird noch ein Heiliger«, sagt Juppi. »Wie oft habt ihr die Rappeldose eigentlich eingesetzt?«

»Ein einziges Mal!«, sage ich. »Die Kuchennummer war das erste und letzte Scharmützel, an dem zu Hause die Dose geflogen ist. Seither müssen wir noch nicht mal mehr an ihr rütteln.«

An den Saftsack hier im Haus!
Hör jetzt gut zu, du alte Radaurassel! Wenn ich oben im Büro Kundengespräche führe, dann will ich unten in der Küche Ruhe haben. Ruhe heißt, da bellt nix, möppert nix, zickt nix. Und vor allem scheppert kein Zwetschgenkuchenblech auf die Fliesen! Und schon gar nicht ist hinterher der halbe Zwetschgenkuchen weg!
UND WO WIR GERADE DABEI SIND: Nur eine Woche nach der Zwetschgenkuchenabmahnung die Backofentür aufzustemmen, bis zum Arsch hineinzukriechen und sich den frisch gebackenen, abkühlenden Apfelkuchen reinzupfeifen, ist ein fristloser Kündigungsgrund!
Und zwar nicht, weil du fauchst wie ein Maserati, wenn man wie ein Gewitter über dich kommt. Auch nicht, weil du mit Leib und Leben die Kuchenruinen verteidigen willst. Und erst recht nicht wegen dieser verheerenden Obstfurzerei später am Abend. Sondern einzig und allein aufgrund der Tatsache, dass du der Hand, die dich nährt, von einem Fünftelquadratmeter saftigen Apfelkuchens nur die knochentrockenen Teigränder übrig lässt!
So! Und jetzt gehe ich in den Keller und fresse deine Rinderohren!

Es wäre schön, wenn zart formulierte Briefe an Hunde Verhaltensänderungen bewirkten. Das tun sie aber nicht. Als Wiki mit dem Kopf im Backofen steckt und Apfelkuchen frisst, falle ich über ihn her wie eine Furie. Wie Granaten schlagen direkt neben ihm die rappelnde Pilsdose, der blecherne Futternapf und der stählerne Trinknapf ein. Mein Kuchenkrieger macht einen Satz bis unter die Decke und schnellt unter den Küchentisch.

Ich zische leise: »Aus!«

Wiki sieht mich mit zusammengekniffenen Augen an. Ich höre förmlich, wie die Wurstrappelszene auf Birgits Hundeplatz in seiner Birne rotiert. Dann spuckt er mir mit Todesverachtung einen angekauten Apfelschnitz vor die Füße.

Am selben Tag noch stibitzt er einen Büstenhalter, ein Stück Kreide und ein Döschen Vaseline. Die Kreide und die Vaseline gibt er sofort frei, sobald das Kommando *Aus* das Terrieröhrchen erreicht. Beim BH dauert es etwas länger. Den möchte er gerne behalten. Als er damit an mir vorbeiflitzen will und ich *Aus* sage, bremst er und sieht mich an. Die Zähnchen um den Träger bleiben fest geschlossen. Ich sage noch einmal *Aus*. Er setzt sich mitsamt seiner Beute vor mich und schmiegt sich an meine Beine. Es ist ein so toller BH, sagt sein Blick, ich würde ihn dir ja gerne geben, ich kann aber nicht. *Aus!* Na gut. Wiki legt das Dessous so vorsichtig auf die Fliesen, als wäre es ein rohes Ei.

In den folgenden drei Tagen diskutiert er mit mir auf ähnliche Weise wegen eines Lederriemens, eines riesigen Pferdeapfels und einer toten Taube ohne Kopf. Was sonst mit einem *Aus!* erledigt ist, braucht bei diesen besonderen Beutestücken drei *Aus!* Aber er gibt sie mir jedes Mal.

Sogar die Taube!

DIE TAUBE!!!

Ich bin so stolz auf diesen wunderbaren kleinen Superhund, dass ich alle Kekse, die ich gerade in der Tasche trage, so freudig in ihn hineinstopfe, dass er mit dem Kauen kaum noch nachkommt.

Damit ist die Geschichte vom widerspenstigen Wiki zu Ende. Er heiratet eine Prinzessin, renoviert das Schloss seines Schwiegervaters, und alle leben glücklich bis ans Ende ihrer Tage.

Wer's glaubt!

Schafe kommen bei uns nicht in den Topf, sondern haben Namen. Lieschen und Paula halten frühlings, sommers und herbstens unseren Rasen schön kurz und verbringen den Winter im Wellnessbereich eines befreundeten Schafscherers. Sie wiegen zusammen hundertfünfzig Kilo und können prima im Kofferraum eines Renault Kangoo transportiert werden. An einem sonnigen Tag im Frühling hole ich die beiden wieder zu uns auf die Weide neben dem Haus.

Luna kennt die beiden Tanten seit Jahren. Wiki noch nicht. Geplant ist eine behutsame Familienzusammenführung nach Krause. Wiki wird jeden Tag auf der Weide mit Wurst gestopft und hat deswegen irgendwann einmal Schafe lieb.

Irgendwann einmal.

An diesem Sonntag jedenfalls noch nicht.

Während ich mich für den Fünfzigsten der Schwägerin in den guten Anzug werfe, quetscht sich die Kanaille durch die Terrassentür, entert unsere schlammige Schafsweide und beginnt Paula zu mobben. Ich stürme in Sakko und Socken hinterher. Bereits nach wenigen Zickzacks ist mein feines Stöffchen ruiniert, und ich sehe aus wie *Das Ding aus dem Sumpf*.

Paula macht derweil den Igel.

Ich wusste gar nicht, dass Schafe das können. Sie setzt sich stoisch auf die Weide und bildet einen dicken Wollknäuel.

Wiki wubbelt in der Wolle herum, kriegt aber außer einem Maul voller Fussel und Wollfett nichts ab.

Pfwoäh!!

Während er wie ein Berserker um mein armes Schaf herumrast, erinnere ich mich an die Worte Krauses: »Beeindrucke deinen Hund mit sicherem Auftreten! Schränke ihn körperlich ein!! Greife durch!!!«

Ich kriege Wiki nach kurzer Treibjagd zu fassen und schmeiße ihn über den Zaun. Offensichtlich machen unfreiwillige Flugstunden auf Terrier im Jagdmodus keinen allzu großen Eindruck. Dass Wiki nicht schon in der Luft umdreht und zurückfliegt, ist alles. Aber landen und ansatzlos wieder über den Zaun zurückspringen, dauert auch nicht nennenswert länger.

Schon hetzen wir erneut um das Schaf herum.

Währenddessen schreie ich die wibbelige Luna ins *Platz*, damit die nicht auch noch auf die Weide springt und den heillosen Ringelpiez womöglich mit blutenden Bissen garniert. Luna ist in solchen Dingen grundsätzlich übermotiviert. Wäre sie Fußballspieler, finge sie sich bereits in der ersten Minute nach der Einwechslung eine rote Karte ein.

Luna legt sich hin und sieht mir verblüfft zu, wie ich mit hochroter Birne PALLALLATZZ in den Sonntagmorgen brülle, mich final auf ihren schwarzweißen Rüden werfe und den zappelnden, schlammigen Chaoten aus der Arena trage.

»Ogottogott!«, sagt Stella, als sie mich sieht.

»Von solchen Überraschungen habe ich echt die Schnauze voll«, fauche ich.

Das Viertel ist hellwach.

Paula steht auf und trabt genervt in ihren Unterstand.

Ich erscheine in Jeans zum Fünfzigsten und habe es bequem.

Alles hat sein Gutes.

Schreckschrauben haut man nicht

Entweder unsere Hunde überraschen die Familie mit ihrem unfassbaren Unfug, oder ich überrasche unsere Hunde durch konsequentes Führungschaos. Und wenn wir uns mal nicht gegenseitig überraschen, dann überraschen uns die anderen Hundehalter.

»Irgendwas ist immer«, sagt Lotta.
»Das kannst du laut sagen«, sage ich.
»IRGENDWAS IST IMMER!!!«

Eine gute Kinderstube gehabt zu haben ist manchmal eine echte Last. Am liebsten würde ich die beiden Schreckschrauben aus den Schuhen hauen, habe aber gelernt, dass man Schreckschrauben nicht aus den Schuhen haut, sondern über die Straße hilft.

Was denn nun noch alles?

Wir radeln zu dritt durch den Hildener Stadtwald. Luna an der kurzen Leine, Wiki an der längeren. Ein Dalmatiner und ein Spitz nehmen uns unbeaufsichtigt aufs Korn. Der Dalmatiner stellt sich quer in den Weg, der Spitz rast außen herum und attackiert von hinten.

Ich fauche den beiden lebensmüden Idioten eine unflätige Bemerkung ins Gesicht und versuche auf dem Rad zu bleiben. Der Spitz lässt sich beeindrucken und dreht ab, der Dalmatiner nimmt die Verfolgung auf. Er bleibt außer Reichweite von Lunas Zähnen, macht aber tüchtig Dampf. Ich will nach vorne radeln, Luna zieht nach hinten, Wiki kreiselt rechts außen und sichert die Flanke. Mein Arm wird länger und länger. Das Schultergelenk knackt bedenklich. Nach sage und schreibe zweihundert Metern und drei Kurven tauchen endlich die Besitzerinnen der Hunde auf: zwei plaudernde Damen in den Siebzigern.

Sie unterbrechen ihr Gespräch kurz und sehen interessiert zu, wie ihr Dalamatiner einen Radfahrer mit zwei wild gewordenen Hunden durch den Wald jagt.

»Hallo!«, ruft mir eine der Damen hinterher. »Da haben Sie aber alle Hände voll zu tun!«

Gibt es Hirnis, die Apportierhölzer in unübersichtliche Waldwege werfen? Natürlich gibt es die! Ahnungslos radeln Wiki und ich an der Düssel entlang und legen uns in eine lang gezogene Rechtskurve. Am Scheitelpunkt fliegt uns aus dem Nichts ein meterlanger Knüppel entgegen. Wie ein Bumerang, nur dass er nicht umdreht.

Sekunden später rast uns ein Vizslarüde entgegen, schnappt sich das Holz und linst kritisch in meine Richtung. Ich halte an und freue mich, dass ich Wiki dabeihabe und nicht Luna.

Mein Wald! Mein Stock! Mein Vizsla!

Der Rüde wird von irgendwo hinter der Kurve abgerufen. Wiki und ich nehmen wieder Fahrt auf und passieren die beiden Apportiersportler. In dem Moment sagt der Mensch zum Hund: »Stefan, machmasiiitz.«

Geht das überhaupt?

Darf man einen Vizslarüden Stefan nennen?

Gibt es dagegen nicht Gesetze?

Luisa sagt, es gäbe keine. Sie beherbergt und verpflegt einen Rüden namens Rüdiger, ist also Expertin in wunderlicher Namensgebung. Birgit meint, eigentlich sei Rüdiger gar kein Name, sondern eine Steigerungsform: rüde, rüdiger, am rüdigsten.

Eine Schnellumfrage auf Facebook bringt Erschütterndes an den Tag: In der vierbeinigen Krawallmausgemeinde tummeln sich Geschöpfe namens Beate, Arthur, Gudrun, Malte, ein Weibchen namens Rudi, Herr Mengelkoch, Adele, Brigitte, Helene, Claudia, Dörte, Franz-Josef, Heidi, dreimal Rüdiger, einmal sogar mit Heinz Bindestrich, und Uschi.

Sehnen wir uns nach den ordentlichen Zeiten zurück, wo der Schäferhund Rex hieß, der Teckel Waldmann und alle anderen Bello?

Aber ja!

Abenddämmerung im Neandertal. Luna droht wieder die Nerven zu verlieren. Wie kann es angehen, dass um diese Zeit im Neandertal, ach was, in Deutschland, noch ein anderer Hund spazieren geht?

Sie nimmt Pumastellung ein und den Briard aufs Korn.

Gäbe es in der Hundeschule Kopfnoten für Verhalten und Betragen, meine Hündin hätte eine glatte Sechs. Und eine ebenso glatte Eins in sozialer Inkompetenz und Mobbing von Schwächeren. *Will to please* ist ein Begriff, den sie sehr eigenwillig interpretiert: Wer mir nicht gefällt, kriegt was auf die Fresse. Als der liebe Gott mit Testosteron um sich geschmissen hat, hat diese Hündin zweimal »Hier!« gerufen. Der unschuldige Briard ist noch zwanzig Meter entfernt. Madame trägt mittlerweile eine fürstliche Bürste. Ich bin die Ruhe selbst. Weiß ich doch ganz genau, wie ich mich zu verhalten habe, denn am Hundeerziehungshimmel ist ein neuer Stern aufgegangen! Eine neue Krause beglückt uns, die wir im Tal der Ahnungslosen wandeln. Ich habe die YouTube-Videos geguckt, das Buch gelesen, die Rezensionen verschlungen, zutiefst dankbare Schüler im Fernsehen weinen sehen.

Und so wird's gemacht: Hand in die Hüfte stemmen, Ausfallschritt mit Drehung um hundertachtzig Grad, dem Hund den Raum nehmen, KSST zischen!

Bei der neuen Krause sieht das super aus. Bei Krauses sieht überhaupt alles super aus. Die Krauses nehmen deinen Hund und bringen ihn mühelos dazu, Dinge zu tun, die er bei dir noch nie gemacht hat.

Der Gipfel der Hundehalterfrustration!

Ich kenne keinen, der ihn nicht schon erklommen hätte.

Ich habe dazu eine Theorie entwickelt. Ich behaupte, es liegt daran, dass Hundetrainer geborene Führungspersönlichkeiten sind. Die guten sowieso – und die schlechten erst recht! Noch die miserabelsten unter ihnen stolzieren mit meterbreitem Kreuz durch ihre Jagdgründe. Ohne mit der Wimper zu zucken, stellen sie sich ausbildungslos, vor Halbwissen strotzend vor die Meute und rufen:

»Problemhundehalter, mir nach! Ich zeig euch jetzt mal, wie das funktioniert!«

Schaut man sich die mehr oder minder bekannten Hundetrainer aus Funk und Fernsehen an, stellt man auch da schnell fest: alles echte Typen! Der Rütter wickelt in seinen Audienzen spielend dreitausend Gläubige um den Finger. Der Bloch hat an jedem Zeh einen Wolf und einen Pizzahund hängen. Der Fichtlmeier Anton tritt so eindrucksvoll kernig auf wie der Förster vom Silberwald. Und wenn der Schlegel gegen die Würschtlifraktion wettert, schwört man auf der Stelle, in seinem ganzen Leben niemals auch nur ein einziges Gramm Lyoner gewürfelt zu haben.

Diese Naturtalente schauen unsere Hunde einmal kurz von der Seite an und nehmen anschließend sofort Huldigungen von ihnen entgegen: »Was darf es sein, großer Meister? *Sitz? Platz? Fuß?* Kaninchen ignorieren? Postboten schonen? Weltfrieden?«

Mensch, hat mich das früher gefuchst! Mit den Jahren jedoch hat sich Gelassenheit eingestellt, Haltersweisheit quasi. Ich habe mich damit abgefunden. Aus meiner Hundehalterkrone bricht kein einziger Zacken, wenn meine Krawallmaus angesichts so viel natürlicher Autorität zum pazifistischen Rehlein wird.

Problematisch wird es allerdings, wenn die Herrschaften ihr Naturtalent in ein brandneues System gießen und auf dem Erziehungsmarkt feilbieten. System hat der unsichere Halter gern. System ist praktisch. System riecht nach unangestrengter Problembeseitigung durch Knöpfchendrücken.

Ich wünsche mir im Namen aller Krawallmausgeplagten: Schaut unsere Hunde genauer an! Stülpt nicht wahllos Systeme über sie. Schreibt keine Bücher, in denen sämtliche Probleme von Inkontinenz und Beißwut über Jagdtrieb und Leinenaggression bis hin zu Verlustangst, Reiseübelkeit und Möbelkauen mit einem *PFRZ* und einem Abschnappen kuriert werden.

Oder mit Pscht.

Oder Klick.

Oder Schlauch.

Und am allerwichtigsten: Gebt uns Otto Normalhundehaltern nicht immer das Gefühl, strohdoofe Loser zu sein, weil wir Welchesproblemauchimmer nicht umgehend in den Griff bekommen. Wir haben eure Ausstrahlung nicht. Wir sind keine Naturtalente. Wir werden niemals welche werden. Dafür sind wir Weltmeister im Hundaufdercouchknuddeln und Allesfünfmalsagen. Für euer Verständnis schon mal herzlichen Dank und von hier aus einen schönen Gruß.

Der Briard ist da. Luna vibriert vertraut. Mir bleiben noch fünf Sekunden, bevor sich meine Schmusebacke in einen Atompilz verwandelt. Beherzt stemme ich die Hand in die Hüfte, mache meinen Ausfallschritt und herrsche Luna an: *KSST!*

Sie setzt sich verdutzt auf den Hintern.

Der Briard passiert ungemobbt.

Ich bin sprachlos. Kann das Hundeleben so einfach sein? Sollte ich mir zum ersten Mal doch einen Krausenamen merken müssen? Maike Maja Nowak, die mit dem Hund tanzt? Die alles von russischen Dorfhunden gelernt hat? Die wissen offensichtlich mächtig Bescheid. Zur Hölle mit Trumlers Wildhunden, Blochs Wölfen und Rütters Dingos. Jetzt kommt der russische Dorfhundstyle.

Nun ist es ja so, dass im Hundehalterleben auf Euphorie umgehend Dämpfung folgt. Bei mir in Form von Fritz, dem Golden Retriever, der uns drei Minuten später entgegenwatschelt. Luna macht den Puma, und mir wird schlagartig klar, dass sie vorher nur deshalb so verdutzt reagierte, weil ich in unserem siebenjährigen Beisammensein noch kein einziges Mal so albern vor ihr herumhampelte wie gerade eben. Was bei der eleganten Frau Nowak souverän daherkommt und unbändigen Führungswillen dokumentiert, sieht bei einem Otto Normalhundehalter wie mir einfach nur aus wie zwitschernder Storch im Salat.

Fritz brummt wie ein Sechszylinder.

Hepp! Ich mache den russischen Ausfallschritt und zische *KSST*.

Luna kümmert sich nicht weiter darum. Sie rennt mir einfach durch die Beine und steigt hinter meinem Rücken in die Leine wie Fury. Die Leine scheuert am Gemächt. Ich ächze. Mein Hund krakeelt. Da ich Luna perfekt lesen kann, weiß ich, was das bedeutet. Es bedeutet: Von so einem Obertrottel wie dir lasse ich mir doch nicht den Raum nehmen. Schon gar nicht, wenn's interessant wird.

»Na warte, du Saubär!«, fauche ich mit hochrotem Kopf, als ich die Lage wieder unter Kontrolle habe und dem vor Lachen zusammenbrechenden Fritzherrchen nachblicke. Luna guckt mich an und wedelt freundlich mit dem Schwanz.

»Es gibt einen neuen Jack Russell im Viertel«, sage ich. »Den durften wir gerade kennenlernen.«

»Gehört der dem alten Herrn aus der Fünfzehn?«, fragt Stella und verscheucht Luna, die im Staudenbeet einen Platz zum Pinkeln sucht.

»Ich weiß nicht, ob Hund und Herr in der Fünfzehn wohnen«, sage ich. »Jedenfalls läuft der Hund mächtig weit voraus und sucht Streit, und der Herr kommt nicht hinterher.«

»Ich finde es beruhigend, dass es bei anderen auch nicht immer rundläuft.«

»Nicht rundläuft ist gut. Bei den beiden ist eine mächtig schwere Unwucht drin.«

Wiki saust hinter Luna her und belästigt sie unsittlich. Beide verschwinden hinter dem roten Gartenhäuschen.

»Der ist aber wieder anhänglich«, sagt Stella und blickt den beiden nach.

»Jedenfalls musste ich mir den wilden Jackie greifen, damit nichts passiert. Ich habe ihn wie ein Handtäschchen hochgehoben, so hoch, dass Luna nicht drankam, und dann haben wir geduldig gewartet, bis das Herrchen da war. Der war hundert Meter hinter seinem Temperamentsbolzen mit dem Rollator unterwegs. Danach erfolgte eine unspektakuläre Übergabe in einer Höhe von ungefähr ein Meter fünfzig. Der Herr hat sich sehr nett bedankt und den Jackie am Rollator festgemacht. Dann wackelte das Wahnsinnsgespann weiter.«

»Ein Hubschrauber angeleint am Rollator. Au Backe!«
Hinter dem Gartenhäuschen donnert es. Wiki kugelt über den Rasen. Offensichtlich ist die Dame seines Herzens mit den Übergriffen nicht einverstanden.

»Ich glaube, Luna wird bald läufig«, sagt Stella. »Zieh dich warm an!«

»Wieso ich?«

»Es sind deine Hunde.«

»Moment mal, die gehören ja wohl uns allen.«

»Normalerweise schon. Nur nicht, wenn die eine läufig ist und der andere – wie heißt das noch gleich bei Rüden? Rattig?«

»Rollig.«

»Das sind Katzen, du Doof.«

»Dann halt rüdig.«

»Auf jeden Fall ist Verhütung Männersache.«

»So kleine Kondome gibt's gar nicht.«

»Es kommen mir keine Knallfroschwelpen ins Haus!!!«

»Ich kann ihn ja für die nächsten drei Wochen vakuumieren.«

Die Schmuse-Backen

»Ich habe nicht die Nerven für einen Wurf Knallfrösche!«
»Brauchst du auch nicht. Die zieht doch Luna auf.«

Weltmeister im Anwanzen

Was für ein sprödes Weib!!!

Die Friedfertigkeitsquote von Luna beträgt bei entgegenkommenden Hunden fünfundzwanzig Prozent. Fünfundsiebzig Prozent werden angemacht. Kurz vor der Läufigkeit und kurz danach sind es sogar hundert Prozent. Das Positive dabei: Luna diskriminiert keinen. Strikt hält sie sich an das Allgemeine Gleichbehandlungsgesetz. Kein Gegner wird benachteiligt aus Gründen der Rasse oder wegen seiner ethnischen Herkunft, seines Geschlechts, seiner Religion, einer Behinderung, seines Alters oder seiner sexuellen Orientierung.

Alle kriegen eins auf den Deckel.

Ein Fachbuchkrause schreibt, je mehr friedliche Begegnungen ich meinem Hund ermögliche, desto ruhiger werde er. Übernehme ich die Führung und eliminiere souverän die Aufreger, lege sich das Problem umgehend. Der Hund wolle diese angenehmen Situationen immer wieder haben.

Welcher Hund?

Meiner nicht.

Im Rahmen selbstloser therapeutischer Individualbetreuung stelle ich für meine rasende Krawalli sechzehn angenehme Situationen her. Ich stopfe sie mit Wurst voll und labere sie mit Mantras zu. Sie bleibt sechzehnmal im Angesicht des Feindes friedlich sitzen. Überzeugt, den Durchbruch geschafft zu haben, fläzen wir beide anschließend hochzufrieden im Kofferraum und teilen uns die restliche Fleischwurst.

Ein siebzehnter Hund trottet am Auto vorbei.

Luna tickt völlig aus!

Wieder zu Hause angekommen, hetze ich schnell zum Briefkasten und stopfe zwanzig Sekunden vor Leerung die Geschäftspost in den Schlitz. Versehentlich lasse ich die Haustür offen. Luna haut ab und frisst sämtliche Katzennäpfe des Tierschutzvereins leer, der immer noch auf dem Nachbargrundstück den Imbiss für streunende Katzen betreibt.

Da auch Wiki in unbeobachteten Momenten seine dicken Eier mit proteinhaltigem Katzenfutter stärkt und mit prallem Bäuchlein von eigenmächtigen Ausflügen zurückkehrt, ist es bereits zu schweren Irritationen gekommen. Die Tierschützerinnen dachten zuerst, Männchen, der letzte verbliebene Kater, fresse wie ein Scheunendrescher. Sie begannen, in Zweierschichten aufzulaufen und morgens und abends die Näpfe zu füllen, bis sie eines Tages die wahren Übeltäter in flagranti erwischten und mich lautstark der Verantwortungslosigkeit in Tierschutzfragen ziehen.

»Mach dir nichts draus«, sagt Max, während er seine Siebensachen in Umzugskartons stopft. Seit einem Monat ist er Kochazubi in einem Sternerestaurant im Düsseldorfer Medienhafen. Da nach Feierabend kaum noch Busse und Bahnen unterwegs sind, hat er sich eine kleine Wohnung in Hafennähe besorgt. »Die wissen, was sie wollen, und ziehen es durch.«

»Wer? Die Katzenfrauen?«, frage ich.

»Nein, unsere Hunde«, sagt Max. »Die machen ihr Ding. Ich finde das klasse.«

»Du hast gut reden. Du ziehst aus.«

»Dann haben die Katzenfrauen halt einen weniger zum Beschimpfen.«

»Dafür kriege ich es doppelt ab.«

»Das hältst du aus.«

»Außerdem finde ich, dass Kinder nicht mit siebzehn das Elternhaus verlassen sollten. Du bist gerade erst auf die Welt gekommen.«

🐾

Was für ein sprödes Weib!!!

Wenn die gnädige Frau es wünscht, darf Wiki zum Beißwurstzerren antreten. Für kernigen Zeitvertreib ist er gut genug. Aber nur bis zu einem gewissen Grad. Nach spätestens zehn Minuten bläst sie ihn mürrisch von der Wurst weg.

Diese zehn Minuten haben es allerdings in sich. Jugendliches Ungestüm und überschäumendes Temperament treffen auf begnadete Technik und jahrelange Kampferfahrung mit wechselnden Sparringspartnern.

Es ist immer wieder erstaunlich, wie lange der Kleine gegenhalten kann. Immerhin ist Luna zweieinhalbmal schwerer als er und hat eine Nackenmuskulatur wie Mike Tyson zu seinen besten Zeiten. Trotzdem geht Wiki die Puste nicht aus. Und das, obwohl er wie alle Terrier einfach nicht tonlos spielen kann. Er faucht und krächzt und zetert, auch wenn er die Schnauze komplett voller Sackleinen hat.

Luna brummt nur.

Meckernder Zweitakter gegen blubbernden Big Block.

Das Ende des Spiels ist immer dasselbe. Irgendwann in der zehnten Spielminute schleift Luna den Kleinen samt Wurst auf die obere Wiese und röhrt ihm einmal kurz ins empfindliche Schlappöhrchen. Dieser kernige Schlussakzent bedeutet:

»Ende, aus, meins!«

Wiki lässt sofort los. Um nicht das Gesicht zu verlieren, bellt er empört auf. Allerdings nur zweimal. Dann kassiert er von ihr einen ganz scharfen Blick.

Auf der Stelle dreht er ab und pinkelt ans Gartenhäuschen oder ärgert Elstern oder knabbert bockig am Zaun oder kümmert sich maulend um den Weltfrieden.

In diesen Situationen erinnert er an Michael Douglas im *Rosenkrieg*: »So, und jetzt gehe ich in die Küche und pinkele auf den Fisch.«

Was für ein sprödes Weib!!!

Wenn ich Luna rufe, um sie hinter dem Ohr zu kraulen, kommt sie erst einmal gar nicht. Nach einer Weile nähert sie sich dann doch, hält aber gepflegten Abstand zum Bein. Erst wenn ich lange Arme mache und in ihrer Halskrause wühle, gelingt es mir, den Kopf zu mir zu ziehen. Während der Kopf näher kommt, schwingt der Hintern wieder weg. Egal, endlich erreiche ich bequem ihr Ohr.

Ich finde Kraulen toll.

Sie findet Kraulen scheiße.

Es muss aber sein.

Ich brauche das.

Während des gesamten Vorgangs baumelt der Kopf locker am Hals, und die Rute pendelt gelangweilt hin und her. Außerdem spüre ich an den Fingerspitzen, wie der ganze Hund leicht nach hinten zieht und nur darauf wartet, dass dieser Schwachsinn ein Ende nimmt.

Es ist die Herrlassesvorübergehenhaltung!

Ganz anders Wiki.

Wiki ist amtierender Weltmeister im Anwanzen.

Wenn ich Wiki zum Kraulen rufe, rast er mit Maximalgeschwindigkeit auf mich zu, gleitet die letzten Meter sitzend über die Fliesen, dreht sich um hundertachtzig Grad und parkt präzise zwischen meinen Beinen ein. Anschließend guckt er mir rückwärts direkt in die Augen, was zu einer kerzengeraden Linie von der Brust über den Hals bis hinauf zur Lakritznase führt. Das ist dann auch das große Feld, in dem am besten alle zwei Hände mit allen zehn Fingern gleichzeitig den Hund streicheln sollten. Bürsten wäre auch genehm.

Das macht er nicht nur bei mir. Das macht er bei jedem. Obwohl man ihn aus eigenem Antrieb gerufen hat, hat man immer das Gefühl, komplett manipuliert zu werden.

Wenn man ihn nicht ruft, kommt er auch. Er mogelt seine Birne am Fußende unter die Decke. Dann zieht er den Rest des Körpers unmerklich nach. Dass er ganz im Bett ist, merkt man erst, wenn unter der Decke eine kleine Beule nach oben krabbelt. Irgendwann lugt sein Kopf oben heraus, sucht eine Brust zum Ablegen und guckt einem so tief ins gerührte Auge, dass man ihn nicht mehr wegschicken kann.

Drecksack!

Wenn nun der Weltmeister im Anwanzen auf die spröde Diva trifft, prallen Welten aufeinander. Wiki kriecht regelrecht in sie hinein. Er braucht Nähe und Wärme wie andere Hunde Blutwurst. Wenn Luna auf der Seite liegt und schläft, setzt er sich zwischen ihren Vorder- und Hinterläufen behutsam auf ihren Bauch und rutscht anschließend langsam nach unten. Es scheint, als wolle er keinen Millimeter Berührung verschenken. Er passt genau in den Zwischenraum. Nach getaner Anwanzarbeit stellt er das Atmen ein und macht sich auf der Stelle unsichtbar.

Irgendwann öffnet die Alte die Augen und sieht den Aufdringling.

Sie schnauft tief.

Der schon wieder!

Meist geht Luna das Anwanzen so auf den Senkel, dass sie

umgehend aufspringt, ihre große, rote Decke verlässt und sich auf seiner kleinen, grauen niederlässt. Wenn sie sich einringelt, passt sie genau drauf. Rundherum lugt kein Fitzel Decke mehr hervor. Nur noch Fliesen. Die sind Wiki zu kalt. Auf der kleinen, grauen Decke lässt er sie in Ruhe, und sie weiß das.

Manchmal aber hat sie es gern und bleibt neben ihm liegen. Vor allem in Zeiten, in denen sie sich länger nicht gesehen haben, weil Luna mit mir auf Lesereise war. Es kommt vor, dass sie ganze Nächte gemeinsam auf dem *Fatboy* verbringen. Sie schlafen so zufrieden und vertraut nebeneinander, dass stundenlang kein Knarzen zu hören ist. Das sind selige Momente. Bis einer dann aufwacht und anfängt, lautstark am anderen herumzuknabbern. Meistens ist es Wiki.

Er fummelt an ihren zehn Brustwarzen.

Sie klemmt ihn zwischen ihre Tatzen.

Er nimmt ein Maul voll Fell und kaut an ihrem Hals.

Sie rammt ihm die Schnauze in die Leiste.

Er dreht sich auf den Rücken.

Sie kneift ihm in die Nase.

Er schnurrt wie ein Kater.

»Irgendwie sieht das wie Schmusen aus«, sage ich nachdenklich.

»Schmusen?«, sagt Stella. »Ich weiß nicht. Vielleicht, wenn man einen Mund voller Haare mag und ab und zu eine Faust im Auge braucht.«

»Na gut, einigen wir uns auf schweres Petting.«

»Das trifft es schon eher.«

»Er lässt nicht locker.«

»Auf jeden Fall können wir uns warm anziehen, wenn Luna wieder läufig wird.«

»Ja. Aber das ist erst in drei Monaten der Fall, und wir werden perfekt vorbereitet sein.«

»Da bist du ganz sicher?«

»Aber klar. Denk an Lunas Neunmonatsrhythmus. Wir haben wirklich noch drei Monate Zeit.«

»So wie der an ihr herumschnorchelt, an allen Ecken und Enden, riecht die schon wieder saugut.«

Wiki steckt seine Nase tief in Lunas Fell und zieht geräuschvoll drei Kubik Duft ein. Luna faucht ihn an.

»Ich käme mit so einer Zicke nicht klar«, sage ich.

»Der macht das aber gut«, sagt Stella. »Guck mal, er wanzt wieder.«

Wiki windet sich auf dem Rücken und schubbert sich immer näher an Luna heran. Das sieht sehr behaglich aus.

»Jetzt kaut er ihr ein Ohr ab«, kommentiert Stella. »Der schmatzt sogar dabei.«

»Das muss eine ganz neue Technik sein. Hörst du das? Die schnurrt ja richtig. Das werde ich auch mal ausprobieren.«

»Untersteh dich! Wer will schon so ein nasses Gerät im Ohr. Bah!«

»So schlimm kann das nicht sein.«

»Du, ich hau dich!«

»Das darfst du gar nicht«, sage ich. »Du musst mich positiv bestärken.«

»Höchstens mit einem Schwinger.«

Knallfrösche in liebevolle Hände abzugeben

»Eigentlich ist es wurscht, was ich mache. Kastriere ich nicht, werde ich über kurz oder lang als Vermehrer gesteinigt. Kastriere ich, nageln sie mich als Körperverletzer an die Wand.«

»Ich hätte doch das Wiener nehmen sollen«, sagt Juppi, während er an seinem Jägerschnitzel säbelt und neidisch auf Walters Teller schielt.

»Verbandsloser Vermehrer!« Peter sticht mit einer Pommes anklagend in die Luft. »Das ist wie Welpen aus dem Kofferraum verkaufen.«

»Genau«, sagt Ralf. »Auf finstersten Flohmärkten.«

»Aber kastrieren geht ja auch nicht«, sagt Walter. »Schon gar nicht aus niedrigen Beweggründen.«

»Was wäre denn nicht niedrig?«, frage ich.

»Gar nix. Alles ist niedrig.«

»Man kann's halt nicht jedem recht machen«, sagt Juppi.

»Foren schon gar nicht«, sagt Ralf.

»Egal ob Kastration oder Wurf«, sage ich. »Ich würde in der Zeit natürlich strikte Forenpause machen.«

»Das ist vernünftig«, sagt Walter. »Keine Beschimpfungen. Keine Ferndiagnosen. Nie mehr aneinander vorbeischreiben.«

»Welpfrieden«, sagt Juppi kauend.

»Und garantiert keine Tipps mehr von Leuten, die deinen Hund nicht kennen«, sagt Peter.

»Trage Schwarzbrot unter den Armen und füttere den Terrier damit«, predige ich. »Streiche Hundeohren mit Löwensenf ein. Hänge deinem Hund kein totes Tier an den Hals. Führe Eigenurin mit dir.«

»Wovon sprichst du eigentlich?«, fragt Walter.

»Von Hundeerziehungstechniken«, sage ich. »Das hatte

ich bei unserer Blauer-Halter-Diskussion vergessen zu erwähnen. Wenn ihr eine Hundeschule gründen wollt, müsst ihr alle Auswüchse kennen, damit ihr wisst, was für eine Zielgruppe auf euch zukommt.«

»Verstehe ich das richtig?«, fragt Ralf. »Du machst eine Forenpause, während Wiki kastriert ist? Ich meine, der ist jetzt anderthalb. Wenn er siebzehn wird, machst du die nächsten fünfzehn Jahre Forenpause.«

»Ja«, sage ich. »Das wird mir guttun.«

Die virtuellen Ferndiagnostiker in den Hundeforen sind mir die liebsten. Hund nie gesehen, Halter nie kennengelernt, aber auf jeden Fall schon mal unreflektiert die fetten Tipps raushauen. Mit meterhoher Wichtigmütze auf dem Kopf wird ein dünnes Brett nach dem anderen gebohrt.

Der widerwillig Fernberatene durchläuft derweil drei Stadien.

Stadium eins: Absolute Verblüffung angesichts der Tatsache, wie viel Gewaltbereitschaft man in die harmlose Frage, ob andere Hunde auch am Fahrrad ziehen, hineininterpretieren kann.

Stadium zwei: Völlige Fassungslosigkeit, weil auf einmal von wildfremden Leuten charakterliche Defizite diskutiert werden, von denen er bis dato gar nicht wusste, dass er sie überhaupt hat.

Stadium drei: Knallrote Wutbirne, weil – hallo, spinnt ihr?! – so geht's ja wohl gar nicht!

Das dritte Stadium ist meist der Moment, wo sich heitere Mitleser zurücklehnen und zum Popcorn greifen.

Noch wunderbarer wird es, wenn sich Leuchten in die Diskussion einschalten, deren Erziehungsrezepte noch mehr schmerzen als ihre Ferndiagnosen. Paart sich ferndiagnostisches Unvermögen mit mitternächtlichem Trunke, wird es vollends kryptisch. Spätestens jetzt fangen auch hartgesottene Foristen zu weinen an.

Aber zurück zu unserem widerwillig Fernberatenen. In Stadium drei sondert er in der Regel ein sehr, sehr deutliches Statement ab. Meist werden den Ferndiagnostikern gewisse Körperöffnungen empfohlen, in die sie ihre geistigen Ergüsse stopfen können. Daraufhin rotten sich alle Diskutanten zusammen, auch die, die vorher auf seiner Seite waren, und schlagen mit virtuellen Handtaschen auf den armen Kerl ein.

Die Standardkeule lautet in der Regel, wenn er nur poste, um ihm genehme Meinungen zu hören, solle er es doch bitte schön gleich lassen. Der Gekeulte hingegen denkt *Mir doch wurscht! Arschlecken rasieren dreifuffzig!* Er dreht beleidigt ab und schwört, dieses Bescheuertenforum die nächsten zehn Jahre nicht mehr zu betreten.

Anderntags ist er wieder da und macht einen neuen Thread auf.

»Wenn du dir einen Satz heiße Ohren einfangen willst«, sagt Peter, »dann musst du dir einfach nur ein Tierschutzthema in einem Hundeforum suchen.«

»Diskussionen über Auslandstierschutz sind sehr ergiebig«, sage ich.

»Wieso das?«, fragt Ralf.

»Weil da Organisationen und ihre Anhänger aufeinanderprallen«, sagt Walter. »Oder sagen wir besser: Anhängerinnen. Männer sind relativ selten anzutreffen. Es sei denn, es wird Geld unterschlagen. Dann kannst du sicher sein, dass ein paar Kerle mitmischen.«

»Stimmt«, sage ich. »Und in den Foren treffen sich alle zum Schlagabtausch. Das Prinzip ist immer ähnlich. Frau kümmert sich um ausländische Hunde. Andere Frau kümmert sich auch um ausländische Hunde. Frau enttäuscht Frau über alle Maßen. Weitere Frauen ergreifen Partei. Jede bezieht Stellung. Die Schlammschlacht beginnt. Ab und an eine vernünftige Stimme darunter. Die Mehrzahl geifert. Giftig, link und unerträglich. Natürlich geht es immer und ausschließlich um *die armen, armen Hunde*. Wer völlig naiv anfragt, ob es denn Beweise für all die Behauptungen gibt, kriegt den Arsch versohlt.«

»Und ich dachte immer, man muss ins Dominastudio, um sich von Frauen schlagen zu lassen«, sagt Juppi.

»Nein«, sagt Walter. »Du kannst auch in einem Hundeforum über Tierschutz diskutieren.«

»Oder einen Thread eröffnen mit dem Titel *Wiki ist zu lebhaft – morgen wird er kastriert*«, sage ich.

Es gibt sieben Grundregeln für die befriedigende Teilnahme an einem Kastrationsthread.

Erstens. Finde deine Position und schreibe sie – egal was die anderen sagen – immer wieder in den Thread.

Zweitens. Bestätige alle Postings, die dieselbe Meinung vertreten wie du, mit den Bemerkungen *Jetzt wird mir alles klar* und *Da wird der sich nicht mehr rauswinden können*.

Drittens. Verlinke unbedingt auf Tierschutzforen, in denen du unter anderem Namen ebenfalls postest, und führe die eigenen Posts als Beweis an, dass in anderen Foren genauso gedacht wird.

Viertens. Wenn du verlinkst, verlinke so, dass der Leser garantiert nicht auf der Seite landet, die du eben zitiert hast.

Fünftens. Lasse dich nicht durch Fakten verwirren.

Sechstens. Bei mehr als einer Stunde Ruhe im Thread gieße Öl ins Feuer und verlinke das YouTube-Video *Cesar Millan Kicking Dogs*.

Siebtens. Schreibe, so oft es geht, das Wort *Welpe*.

Welpe. Welpe. Welpe. Welpe. Über eine Kastration von Luna haben wir uns nie Gedanken gemacht. Rein physisch sind ihre Läufigkeiten völlig problemlos. Kein Milcheinschuss, keine Scheinschwangerschaften, nur ein bisschen Melancholie und erhöhte Zickigkeit.

Letzteres ist kein Kastrationsgrund. Wenn ich ehrlich bin, ist es mir doch völlig wurscht, ob sie jetzt auf hundertachtzig ist oder auf hundertfünfundachtzig.

Wiki ist noch nicht kastriert, weil er zu jung war, als er ins Tierheim kam. Der musste noch wachsen und brauchte dafür jedes Milligramm Testosteron. Zumindest das hat funktioniert. Mittlerweile strotzt der kleine Kerl vor männlichem Tatendrang.

Unsere Tierärztin erachtet die Rüdenkastration für problematischer, als gemeinhin angenommen. Der Eingriff ist zwar leichter als bei der Hündin. Die psychischen Folgen können unter Umständen aber gravierend sein. Manche Rüden werden für den Rest ihres Lebens von anderen Hunden gemobbt und bestiegen, wohingegen Hündinnen durch Kastration kaum Veränderungen in ihren sozialen Strukturen erfahren. Im Grunde müsste man bei Rüden erst einmal chemisch testen, wie es ihnen testosteronlos ergeht, bevor man das Skalpell ansetzt und Tatsachen schafft.

Welpe. Welpe. Welpe.

Aber vielleicht sollten wir doch lieber Luna auf den OP-Tisch hieven. Dann würden uns wenigstens die unbeaufsichtigten Kerle nicht mehr durch den Hildener Stadtwald jagen. Ein unbeschreiblicher Zugewinn an Lebensqualität wäre das!

Der Picard vom nahe gelegenen Reiterhof begleitet uns triefend vor Lust fünf Kilometer kreuz und quer durch den Wald, vom Kellertor bis zum *Pfannkuchenhaus* und wieder zurück. Der lässt sich weder durch Lunas Grollen noch durch Granateinschlag vertreiben. Als er sich anschickt, mit uns über die Hauptstraße zu radeln, um dortselbst glücklich und verliebt überfahren zu werden, drehen wir um und geben ihn persönlich am Reiterhof ab.

»Wenn so etwas dreimal pro Woche passiert«, sage ich zu Stella, »ist man irgendwann so weit und denkt, dann komm halt einfach ums Leben, du Trottel.«

»Mit einer kastrierten Luna wäre das nicht passiert«, sagt sie.

»Doch«, sage ich. »Da wäre das auch passiert. Sie wird sogar beschuldigt, läufig zu sein, obwohl sie gar nicht läufig ist. Im Stadtwald ist eine Reitersfrau mit einem Hund unterwegs, der nicht für fünf Pfennig hört. Die ruft immer Waldooooowaldooooowaldoooo, und nichts passiert.«

»Dann soll sie ihren Waldooooowaldooooowaldoooo halt anleinen«, sagt Stella.

»Das macht sie aber nicht. Das ist in ihren Augen Freiheitsberaubung. Das letzte Mal radelten wir mit Waldo einfach gnadenlos in Richtung Hauptstraße weiter. Ich dachte mir, wenn sie sich wenigstens einmal richtig Sorgen um das Ableben ihres Hundes macht, würde sich etwas ändern.«

»Und?«

»Die blieb einfach auf ihrer Wiese stehen und murmelte weiter Waldooooowaldooooowaldoooo. Wir haben das natürlich nicht durchgezogen und Waldo wieder zurückgebracht.«

»Da war sie bestimmt froh.«

»Nein, war sie nicht. Statt sich zu freuen, war sie stinksauer. Ich hätte gefälligst sofort stehen zu bleiben, wenn ihr Hund hinter mir herrenne. Als ich sagte, dass ich doch nicht für ihren Hund verantwortlich sei, maulte sie mich an, einer meiner Hunde müsse extrem gut gerochen haben, sonst wäre das nicht passiert.«

»Da hat nicht ein Hund gut gerochen, sondern ein Hund schlecht gehört«, sagt Stella.

»Den Satz hätte ich gut gebrauchen können.«

Wenn uns nicht der Picard verfolgt oder Waldoooowaldoooowaldoooo, dann erledigt das der kleine Terrier, der öfter mal aus Gruiten ausbüxt und auf eigene Faust durchs Düsseltal schlendert. Der lässt sich nicht einmal verscheuchen, wenn ich ihn am Nacken packe und in die Böschung werfe. Er kommt immer wieder zurück. Insgeheim nenne ich ihn schon Bumerang.

Manchmal kommt ihm noch ein zweiter Rüde zu Hilfe, der genauso klein und genauso hartnäckig ist. Zusammen gehen sie bewundernswert strategisch vor. Die Taktik heißt *Du lenkst sie vorne ab, ich hopse hinten drauf.*

Luna ist mir im Verteidigungsfall nicht sonderlich behilflich. Sie findet, alle beide seien gut geeignet, die Väter ihrer Kinder zu werden.

Mir erschließt sich bis heute nicht, wem die beiden Rammler gehören. Jedenfalls trage ich, seit ich sie kenne, in Krisenzeiten immer eine zwei Meter lange Nylonschnur in der Tasche. Außerdem bin ich in der Lage, innerhalb kürzester Zeit an jedem fünften Baum entlang der Düssel folgende Botschaft zu plakatieren:

An alle Ignoranten!
Nur damit es hinterher nicht wieder heißt, es hätte keiner gewusst! Wenn Luna läufig ist, führe ich eine zwei Meter lange Nylonschnur mit mir. Damit werde ich alle Rüden, DIE SO SCHEISSEMANGELHAFT BEAUFSICHTIGT SIND, DASS SIE MEINE HÜNDIN, MEIN FAHRRAD UND MICH DURCH DAS HALBE NEANDERTAL HETZEN, IN VOLLER FAHRT AUFZUREITEN VERSUCHEN UND SICH WEDER DURCH MASSIVE DROHGEBÄRDEN NOCH DURCH BEHERZTEN ZUGRIFF UND WEGWURF VERSCHEUCHEN LASSEN, einfach an den nächsten Baum binden.

Schönen Tag noch!

»Die Armen«, sagt Stella.

»Natürlich binde ich sie auf der Uferseite des Weges an«, sage ich. »Da haben sie Schatten und freien Zugang zum Wasser.«

»Ich weiß nicht, was wir tun sollen«, sagt sie. »Kastrieren ist wirklich heftig. Egal bei wem.«

»Schon«, sage ich. »Aber noch heftiger ist es, auf vierzehn Welpen sitzen zu bleiben, weil die Eltern so grenzwertig sind. Ich habe einfach nicht die Nerven für einen Wurf Knallfrösche!«

»Brauchst du auch nicht. Die zieht doch Luna auf.«

»Sehr witzig!«

»Wir können ja einen Zettel im Kindergarten aufhängen. *Knallfrösche in liebevolle Hände abzugeben.*«

»Wer soll den Zettel schreiben?«, frage ich. »Ich? Bis dahin bin ich ein zittriges Vollwrack mit verkrampften Fingern, die keinen einzigen Buchstaben auf der Tastatur mehr treffen.«

»Dann musst du einfach vorher so lange und so viel trinken, bis der Tremor aufhört.«

»O ja. Ich ruiniere vollständig meine Gesundheit, nur damit die Kugeln am Rüden bleiben.«

»Man muss für seine Lieben auch mal Opfer bringen.«

»Wenn du meinst. Ich trinke Kognak.«

»Im Ernst, lass uns die Kastration noch ein bisschen hinausschieben«, sagt Stella. »Die Tierärztin soll Wiki den Chip einpflanzen, und wir gucken erst mal, ob es ihm als Kastrat überhaupt gut geht. Es kann ja wirklich sein, dass die anderen Rüden ihn ein Leben lang auf der Hundewiese fertigmachen. Oder wo auch immer. Das würde ich nicht wollen.«

»Luna kastrieren ist aber genauso blöd. Ich will gar nicht wissen, was aus dem Berserker wird, wenn man ihr auch noch das letzte Quäntchen weibliches Östrogen nimmt.«

»Das sind ungelegte Eier. Darüber rege ich mich noch gar nicht auf. Wir warten jetzt erst mal Wikis Test ab.«

»Okay«, sage ich. »Also Chip für Wiki.«

»Abgemacht.«

»Wir müssen uns aber trotzdem beeilen«, sage ich. »Soweit ich weiß, braucht der erste Chip eine ganze Weile, bis er wirkt. Luna wird in zehn Wochen wieder läufig.«

»Das würde dann ja hinhauen.«

»Hoffentlich«, sage ich. »Ich habe nämlich wirklich keine Lust mehr, mit Kampfstiefeln, Stirnlampe und nassem Handtuch das menschliche Verhüterli zu geben. Das eine Mal hat mir gereicht.«

»Komm schon«, sagt Stella. »So schlimm war das doch nicht, oder?«

»Für dich nicht. Du hast ja geschlafen, während die beiden Türen und Wände eingerissen haben.«

»Übertreib nicht«, sagt Stella. »Außerdem sind die Katastrophen von heute die Anekdoten von morgen.«

Grappa für den Panikheinz

Luna wird zum achten Mal läufig. Zum allerersten Mal ist ein Rüde im Haus. Das könnte heiter werden, wäre der Scheff nicht so gut sortiert und hätte alles im Griff. Denkt der Scheff! Dann kommt die Natur und schlägt erbarmungslos zu.

Wiki steht im vollen Saft der Adoleszenz. Er ist achtzehn Monate alt und der unerschütterlichen Ansicht, dass es höchste Zeit ist für das erste Mal. Wo Luna geht und steht, steckt er ihr die Nase in den Hintern.

Dafür kassiert er von ihr jedes Mal einen Satz heiße Ohren. Aber das ficht ihn nicht an. Terrier inside! Er widmet sich der Lustmolcherei quasi mit professioneller Hartnäckigkeit.

Als alter Tierheim-Haudegen sollte Wiki eigentlich kastriert sein. Aber bisher brauchte er sein Testosteron noch zum Wachsen. Außerdem wollen wir vor dem Einschnitt sicher sein, dass es ihm als Kastrat weiterhin so gut geht wie bisher. Ob der junge Mann zukünftig von anderen Rüden gemieden oder bestiegen, gemobbt, gepoppt oder verkloppt wird, lässt sich ermitteln, bevor die Kugeln final entfernt werden, und zwar indem man einen Kastrationschip einpflanzen lässt.

Unser Plan ist so ausgeklügelt, er wäre eines Hannibal Smith und seines *A-Teams* würdig.

Luna hat seit Jahren einen zuverlässigen Neunmonatsrhythmus. Sie wird erst im Juni wieder läufig werden. Wiki soll seinen Chip Mitte März erhalten. Das unterbricht die Testosteronproduktion sofort, allerdings kann es bis Mitte Mai dauern, bis der Körper das noch vorhandene Testosteron vollständig abgebaut hat.

Bingo!

Wenn Luna im Juni heiß wird, ist Monsieur garantiert zeugungsunfähig.

Zwischen Smiths Plänen für sein *A-Team* und unseren Plänen gibt es einen fundamentalen Unterschied: Smiths Pläne funktionieren!

Wir lassen Wiki am Dienstag, den fünfzehnten März, einen Chip einpflanzen.

Luna wird am Donnerstag, den siebzehnten März, läufig!

Zum ersten Mal in ihrem Leben nicht nach neun Monaten, sondern nach sechs! Zudem lässt sie die erste Woche heftiges Bluten annähernd komplett ausfallen und geht offenbar direkt in die Standhitze über.

Vom ersten Moment an biegt sie für den kleinen Sausack die Rute beiseite. Ich wusste nicht, dass man das Gerät auch wegbiegen kann, wenn man draufliegt!

Im Haus ist der Teufel los. Beide Parteien denken nur an das eine. Ich lasse die beiden keine Sekunde allein, hopse zwischen Lunahintern und Wikidödel herum wie Rumpelstilzchen und notiere in den seltenen Ruhepausen nur das Nötigste.

Balken nass

Eines Morgens erwische ich den schwanzgesteuerten Testosteronklops dabei, wie er nahezu alle Balken in unserem Fachwerkhaus markiert. Zum Schluss schifft er in mein Bücherregal, direkt in die Jahrbücher des Art Directors Club Deutschland, Jahrgang 1991 bis 1996.

So schlecht war die Werbung damals nun wirklich nicht.

Nase voll

Luna schläft am Fuße der Bodentreppe, Wiki im Büro darüber, direkt über der Klappe. Die Klappe ist hermetisch verschlossen, hat aber neben dem Riegel ein Loch. Genau an diesem

Loch platziert Wiki seine kleine, schwarze Lakritznase und saugt stundenlang den Duft ein, der unter ihm wabert.

Der arme Kerl macht kein Auge zu.

Geschlecht egal

Auf unseren einsamen Spaziergängen wird Luna immer unberechenbarer. Als Tina, eine Langhaardackelin, direkt auf uns zusteuert und sich als nicht abrufbar erweist, rutscht mir das Herz in die Hose. Ich bereite mich auf einen Atompilz an der Leine vor.

Luna aber fiept freundlich und macht die Rute krumm.

Hallo??? Für eine Tina?

Klappe zu

Ich traue der Bodenklappe nicht. Wenn ich das Pärchen alleine lasse, werden sie sie aufdrücken oder sich durch sämtliche Wände nagen. Safer Sex garantiert nur ein Auto mit abgeschlossener Kofferraumklappe.

Deshalb begleiten mich Sexgott und Sexbombe abwechselnd auf meinen Geschäftsterminen. Als Luna mit mir einen ganzen Tag unterwegs ist, legt sich der erschöpfte Stecher zu Hause aufs Ohr und poft acht Stunden am Stück.

Goldie teuer

Wenn ich schon meine eigene Hündin nicht rammeln darf, dann wenigstens die da vorne, denkt Wiki und marschiert zielstrebig auf der Hundewiese auf ein glitzerndes Goldie-Mädchen zu.

Die da vorne hat aber einen fünfunddreißig Kilo schweren

Rüden dabei, der aus dem Nichts kommt und sich breitschultrig dazwischenstellt. Wiki springt dem Typ, ohne eine Sekunde zu zögern, direkt ins Gesicht.

Ich ziehe meinen dauererigierten Helden am Frack aus dem Getümmel.

Wiki hat einen Schmiss im Gesicht, sein Kontrahent einen respektablen Riss in der Augenbraue. Der Schmiss wird mit Würde getragen, der Riss für hundertsechsunddreißig Euro getackert. Wikis Taschengeld für die nächsten sechs Monate ist gestrichen.

Tanga sexy

Zur Sicherheit trägt Madame im Garten einen schwarzen Spitzentanga von Karli. Ohne Eingriff. Monsieur randaliert an der Zehnmeterleine. Der Peepshow-Eintritt von vier Euro achtzig wird am Gartenzaun erhoben.

Gegen Ende der zweiten Woche hat das zweibeinige Verhüterli, also ich, einen Mordsbizeps, weil es im sonnigen Garten zwölfmal pro Stunde den Herrn von der Dame ziehen muss.

Fachwelt doof

In einem erschütternden Artikel im Magazin *SitzPlatzFuß* muss ich lesen, dass es in den ersten Wochen mit neu eingepflanztem Chip zu vermehrter Testosteronproduktion kommen kann.

Was denn nun noch alles?

Birne grün
In den Hochphasen der Brunst gehen beide getrennt spazieren. Die eine vor fünfzehn Uhr, der andere danach. Es ist niedlich, wenn sie auf ihren Runden denselben Baum entdecken und sich erschnüffeln.

Wenn Luna und ich unterwegs sind, kommt es vor, dass Wiki nach einiger Zeit auftaucht. Er trägt dann einen grünen Moosstreifen auf dem Kopf. Ein untrügliches Zeichen dafür, dass er sich unter unserem schmiedeeisernen, bemoosten Gartentor hindurchgequetscht hat.

Knabe geil
Wiki schnürt brummend durch das ganze Haus. Er erinnert an die brünstigen Pfadfinder in Woody Allens *Alles, was Sie schon immer über Sex wissen wollten*. Man kann Luna nur zurufen: »Schlag die Beine übereinander!«

Knabe weg
Wiki macht sich ganz flach und will wie gewohnt unter dem Gartentor durchkrabbeln. Als er mich kommen hört, krabbelt er schneller. Ich erwische ihn gerade noch am Schwanz. Aber den hat er ausgiebig in Wiesentau getunkt. Er ist pitschnass und rutscht mir aus der Hand.

FREIHEIT! Er rast die Einfahrt hoch, brettert zum Nachbarn hinüber und hopst mit einer Riesenarschbombe in dessen Karpfenteich. Danach kommt er saudreckig und glücklich wieder heim. Luna freut sich, bleibt aber weggesperrt.

Pferde scheu

Seit sechs Jahren habe ich eine Luna, die nicht auf Schafsweiden rennt, weil sie Schafe mit BRZZZLL verbindet, nachdem sie einmal zeitgleich mit meinem NEIN den Weidezaun berührte.

Diese Chance habe ich auch bei Wiki. Er peilt eine Pferdeweide an, um dortselbst die Gäule anzumosern. Ich sehe ihn unter dem Weidezaun durchrennen, rufe NEIN und hoffe inständig, dass Strom drauf ist.

Es ist kein Strom drauf. Ich werde also in den nächsten vierzehn Jahren einen Wiki haben, der auf Pferdeweiden rennt.

Als er nach Hause kommt, wird er von Luna genauestens untersucht. Die Schnüffelorgie artet nicht aus. Beide verhalten sich klösterlich gesittet.

Ich schöpfe Hoffnung.

Noch ein oder zwei Tage, und die Läufigkeit ist überstanden. Ich werde mich ein bisschen unter das Sauerstoffzelt legen, und danach wird alles wieder gut sein, alles wieder gut sein, alles wieder gut sein.

Erschöpft setze ich mich in die Eisdiele neben der Post am Hochdahler Markt und trinke einen Kaffee. Halb zufrieden blinzle ich in die Sonne.

Alles wird wieder gut sein, wieder gut sein, wieder gut sein. Meine Nerven werden sich erholen, die Läufigkeit wird in wenigen Stunden abklingen, selige Nachtruhe wird einkehren, Sexbombe und Sexprotz werden nicht mehr lückenlos überwacht werden müssen.

Da fällt mein Blick auf meine Frau, die wie aus dem Erdboden gewachsen vor mir steht.

»Was machst *du* denn hier?«, fragen wir gleichzeitig.

»Ich musste noch bei Weber ein paar Bücher abholen«, sagt Stella.

»Ich war auf der Post«, sage ich.

»Ich nehme auch einen Kaffee«, sagt Stella. »Mit viel Milch.«

Wir lehnen uns zurück und blinzeln beide.

Auf den großen Kaffee folgt noch ein kleiner Espresso, ein Kügelchen Nussnougateis mit einem Sahnehäubchen und ein ergebnisloser Blick in die Kuchentheke.

Käsekuchen ist aus.

Gemeinsam die Zeit sinnvoll zu verplempern ist der Gipfel der Lebenskunst, denke ich. Trotzdem habe ich das Gefühl, dass irgendetwas hier nicht stimmt. Beim Anblick der vierzehn kleinen Mutzenmandeln in der Auslage fällt es mir siedend heiß ein.

Ich schieße wie ein Blitz auf die Terrasse, wo Stella immer noch blinzelt.

»Du, wer passt eigentlich auf die Hunde auf?«

»Die Kinder«, sagt sie.

»Warum beruhigt mich das jetzt nicht?«

»Weil du ein Panikheinz bist«, sagt sie. »Die Kinder sind zu Hause. Was soll da passieren?«

Mir fallen auf Anhieb drei Möglichkeiten spontaner Kanidenverpaarung ein. Im Büro eine Kopie ziehen und die Bodenklappe hinterher nicht mehr schließen. In der Küche ein Spiegelei braten und die Tür vergessen. Durch die Terrassentür frische Luft herein- und beide Hunde hinauslassen.

»Wir sind doch so gut wie durch mit der Läufigkeit«, sagt Stella. »Denk nur mal, was für einen regelmäßigen Rhythmus Luna immer hat. Erste Woche bluten, zweite Woche stehen, dritte Woche Rüden wegbeißen. Wir sind jetzt am Ende der dritten. Da kann gar nichts mehr passieren.«

»Wenn dieser Rhythmus so zuverlässig ist wie ihre Neunmonatsintervalle, würde ich darauf keinen Cent wetten«, sage ich.

»Und außerdem sind die Kinder da«, sagt Stella.

»Und außerdem sind die Kinder da«, nicke ich – und sehe im selben Moment Marie, Lotta und Max durch die Fußgängerzone schlendern!

»Kneif mich!«, sage ich.

»Herrje!«, sagt Stella. »Was machen die drei denn in der Stadt?«

»Die Frage ist, was die zwei zu Hause machen«, sage ich.

Die Frühlingssonne gibt sich alle Mühe, unser Beisammensein idyllisch zu gestalten. Es gelingt ihr nicht so recht. Vor meinem geistigen Auge zieht eine Holzkiste voller emotionsflexibel veranlagter Schäferhundflummipumarotzlöffelmischlinge vorbei, die unter dem milden Blick ihrer andersbefähigten Eltern systematisch unsere Inneneinrichtung demolieren.

Vor Stellas Auge wohl auch.

»Ob die hier Grappa haben?«, fragt sie blass.

Sie haben.

Wir bestellen gleich vier.

Wie es nach diesem Buch weitergehen wird

Wie es nach diesem Buch weitergeht? Gar nicht geht's weiter. Gar nicht! Ich bin doch nicht des Wahnsinns fette Beute!

Nachdem das erste Buch von einem Hund handelt und das zweite von einem Hundepärchen, kann es im dritten ja nur um den Riesenwurf gehen. Wenn Luna ähnlich produktiv ist wie ihre vierzehn Welpen werfende Mutter, hieße dieses Buch nicht *Herrchenjahre drei*, sondern *Herrchenjahre sechzehn*.

Da ich am liebsten über Angelegenheiten schreibe, die ich selbst erlebt habe, müsste ich diesen Wurf leibhaftig großziehen. Einen Wurf??? Bei aller Liebe für das werte Elternpaar, aber deren katastrophalen Genpool sollte man tunlichst nicht vervielfältigen.

Abgesehen davon wäre dieses Werk schnell verfasst.

Es läse sich in etwa so:

Kaum können die lieben Kleinen laufen, geht der Horror los. Bei jeder Kleinigkeit rasten sie aus. Die einen drinnen, die anderen draußen, oder alle zugleich drinnen und draußen. Sie sind großmäulig und beuteaggressiv. Die Rüden rotzen rum und kratzen sich am Sack, die Hündinnen ziehen sich kreischend an den Haaren. Sobald ihnen ein Kaninchen unter die Nase kommt, sind sie verschwunden. Einer nach dem anderen.

In Hundeforen im Internet machen mich die Aufrechten seitenlang fertig, nachdem ich einen Fotothread mit dem Titel *Hurra, Luni und Wiki kriegen Welpis!* eröffnet habe. Ich werde als Vermehrer beschimpft und als Tierquäler, dessen Verantwortungslosigkeit und Profitgier nur noch übertroffen wird von den mafiösen Strukturen der Hundekampforganisatoren in Mexiko.

Wieso überhaupt Profitgier?

Totaler Quatsch! Wir verdienen keine müde Mark. Alles kostet nur Geld. Von Return-on-Investment nicht der Hauch einer Spur. Vergeblich hänge ich in Fressnäpfen, Futterhäusern, Tierarztpraxen und Waldorfkindergärten Infozettelchen aus, die in wohlgesetzten Worten niedliche Welpen aus dem Zwinger vom Unteren Hausmanns anpreisen. Ideale Anfängerhunde! Sowieso!

Wochenlang hoffe ich auf Resonanz, die nicht kommt.

Irgendwann wiegen sie alle um die vierzig Kilo. Die Figur und die Muskelbepackung haben sie vom Terrier, die Größe vom Schäferhund. Alle vierzehn fressen uns die Haare vom Kopf, und wir bleiben auf allen vierzehn sitzen.

Ich werde nie CEO werden, sondern immer die Krawallmaustippse bleiben. Die zickige Ichhauallegrünundblau und die Münsterländerjackrussellwurst bringen ihren vierzehn Blagen bei, wie man mir den Schneid abkauft. Alle laufen unruhig am Fahrrad, schießen von rechts nach links oder knallen unmotiviert von unten nach oben. Sie springen auf Tische und fressen die Kerzen von den Gestecken. Sie finden tote Tauben und köpfen sie und gehen niemals respektvoll an der Leine.

Schon gar nicht im Angesicht des Feindes!

Wenn wir zu sechzehnt spazieren gehen, werden wir nahezu täglich von Tutnixen angegriffen. Wir sind nicht schuld, aber das spielt keine Rolle. Überschlägig berechnet leiden gut sechzig Prozent aller Hundehalter unter Selbstüberschätzung. Das heißt, gut sechzig Prozent aller leinenlosen Hunde, die betont lässig ins *Fuß* gerufen werden, wenn wir heranstrampeln, gehen auf uns los. Sie brettern von hinten oder von der

Seite in uns hinein und werden begleitet von Statements wie *Oh, ich dachte, Ihre wären abgeleint, da habe ich meinen auch abgeleint* oder *Was machst du denn da, Gitta, es ist doch Weihnachten?*

Einmal pro Quartal kugle ich mir bei solchen Gelegenheiten die Schulter aus. Ich leide still und perfektioniere die Disziplin *Lächeln und winken*. Wütend zusammengebissene Zähne wirken aus der Ferne wie ein Lächeln. Dazu bewegt sich die Hand langsam, aber hochemotional hin und her. Man kann eine Menge Bulllshit kommentarlos weglächeln und wegwinken.

Lächeln und winken und lächeln und winken!

Über kurz oder lang sind meine Nerven vollends zerrüttet. Stella spricht nicht mehr mit mir. Die Kinder entmündigen mich, nachdem sie mir Führerschein und alle Hundeleinen weggenommen haben. Nicht lange danach kommen die freundlichen Herren mit der weißen Jacke.

So weit also *Herrchenjahre sechzehn*.

Nein, nein und abermals nein! Da schreibe ich als Nächstes lieber einen Schlüsselroman über die wilde Groppenzucht im Singener Aachbad oder einen Selbsterfahrungsbericht, der ausschließlich von Mehlsieben und Browniebacken handelt.

Solange ich bei klarem Verstand bin, möchte ich auf jeden Fall noch das obligatorische Danke-Dingsbums loswerden. Es sind so viele Hundefreunde zu nennen, ohne deren zwei- und vierbeinige Beiträge diese Seiten längst nicht so lebendig wären, wie sie sind.

Dank an Elmar für die freimütige Schilderung seiner Erfahrungen mit Lotte, der Münsterländerjackrusselldame, die jedes Sofa kleinkriegt. Ich war gewarnt.

Dank an Birgit Adler-Adolph für eine Dose Wicküler Pils. Du hast den Tiger gezähmt, ohne ihm wehzutun.

Dank an Ivonne, Fienchen und Hannes für die Überschrift *Sind wir nicht alle ein bisschen Krause?*

Ein großes Dankeschön geht an die Krawallmausgemeinde bei Facebook. Besonders danken wir Nadin, Kerstin, Claudia, Franziska, Vreni, Marian, Susanne, Chris, Jeannine, Claudia Zwei, Nicole, Nadja, Sylvia, Yvonne, Daniela, Anett, Anja, Marika, Dagmar, Angela, Eva, Heike, Sabina, Mustafa und Lisa für ihre mutigen Berichte aus dem ganz normalen Krausewahnsinn.

Weiterhin möchte ich meinen Agenten Petra Eggers und Daniel Mursa, meiner Lektorin Heike Plauert, meiner Redakteurin Judith Schwaab und dem Heyne Verlag danken, die mittlerweile so viel Erfahrung mit vierbeinigen Chaoten haben, dass ihnen nicht einmal mehr vor einem Ochsenziemersandwich graut. Die Lieferung geht heute noch raus. Wenn es komisch riecht, ist die Post schuld.

Gar nicht genug danken kann ich meiner Frau Stella und meinen drei Kindern Max, Lotta und Marie. Deshalb danke ich nicht, sondern umarme sie. Alle vier, die mich liebevoll ertragen, obwohl ich phasenweise viel zu viel über Hunde rede. Ihr wart, seid und bleibt meine tägliche Inspiration. Ohne euch ist alles nichts.

Fehlt noch einer?

Ja.

Zwei, um genau zu sein.

In der Regel suchen wir Menschen uns Hunde aus, die zu unserem Lebensentwurf passen. Das haben wir auch gemacht. Sie sollten pflegeleicht sein, weil Familie und Beruf schon anstrengend genug sind. Sie sollten problemlose Spaziergänge in großflächigen Hundeauslaufgebieten ermöglichen, bei denen wir uns völlig entspannen können. Sie sollten die Familie als neues Mitglied bereichern, Kinder lieben, anspruchslos sein, allen Spaß und Freude bereiten, andere Hunde mögen und mit ihnen toben, wann immer es uns passt.

Bis auf kinderlieb sind Luna und Wiki nichts von alldem, was ich mir so sehnlichst wünschte. Ich habe Jahre gebraucht, um die Botschaft zu verstehen, die sie für mich haben: »Mann, dein Lebensentwurf ist uns völlig brause! WIR sind dein Lebensentwurf.«

Diese wunderbar dickschädelige, sozial zum Knutschen inkompetente Hündin und ihr kleiner, rüdiger Rotzlöffel haben mein Leben völlig umgekrempelt und damit auch das von allen, die mir nahestehen.

Wenn ihr zwei wüsstet, wie viel Gutes ihr damit angerichtet habt. Dafür werde ich euch auf immer dankbar sein.

He! Nur weil ich gerade sentimental werde, ist das noch lange kein Grund … Runter da, aber ganz schnell!

Die Krawallmaustagebücher
www.krawallmaus.de

Krawallmaus auf Facebook

Die offizielle Facebook-Seite unserer Bücher heißt *Krawallmaus*.
Sie wird von Luna, Wiki und dem Autor persönlich betreut
und übernimmt keine Gewährleistung,
wenn bei euch hinterher die Wurst auf dem Teller fehlt.

*»Kann einer mal den Hund
aus dem Konfirmationsgesteck rauspflücken!«
»Lass ihn! Es schmeckt ihm doch gerade so gut.«*